2 WEEKS
비즈니스 영어

: 이메일

2 WEEKS 비즈니스 영어: 이메일

지은이 케빈 경
펴낸이 정규도
펴낸곳 (주)다락원

초판 1쇄 발행 2021년 8월 20일

총괄책임 허윤영
책임편집 유나래
교정/교열 김민주
디자인 하태호
전산편집 이현해
사진 Shutterstock

다락원 경기도 파주시 문발로 211
내용문의: (02)736-2031 내선 523
구입문의: (02)736-2031 내선 250~252
Fax: (02)732-2037
출판등록 1977년 9월 16일 제406-2008-000007호

값 14,000원
ISBN 978-89-277-0142-2 13740

www.darakwon.co.kr
다락원 홈페이지를 방문하시면 상세한 출판정보와 함께 동영상 강좌, MP3 자료 등 여러 도서의 다양한 어학 정보를 얻으실 수 있습니다.

2 WEEKS
비즈니스 영어

TWO WE
BUSINE
ENGLIS
EMA

케빈 경 지음

: 이메일

DARAKWON

저는 기업과 기관에서 실무자에게 프레젠테이션, 이메일, 전화, 회의, 협상 등의 비즈니스 커뮤니케이션 스킬을 강의하는 강사이자 코치입니다. 그래서 업무상 영어가 필요한 실무자와 자주 만나게 되는데, 어디서부터 시작해야 할지 막막해하는 이들에게 가장 먼저 알려주는 것은 각 상황에 맞는 기본기와 영어 매너입니다. 비즈니스 상황별로 필요한 기본 사항을 익히고 그에 맞는 영어 표현을 배워나가는 것이 가장 좋은 방법이니까요. 〈2 WEEKS 비즈니스 영어〉 시리즈는 제가 이런 비즈니스 영어 과정을 운영하면서 쓴 방대한 자료를 압축하는 데서 출발했습니다. 그리고 수많은 실무자의 피드백을 받아, 혼자서도 할 수 있는 가장 효율적인 2주 커리큘럼을 완성했습니다. 실제 훈련 과정의 진행 순서를 반영했고, 강의에서 제공한 워크북과 핸드아웃의 내용을 모두 수록했습니다.

> **It's not what you leave in but what you leave out.**
> **무엇을 넣느냐가 아니라 무엇을 빼느냐가 관건입니다.**

이메일의 전신인 종이 편지(letter)는 발신자가 타자기로 일일이 쳐야 했고, 우표를 붙여서 우편으로 보내야 했습니다. 그만큼 수신자가 편지를 받는 시간도 오래 걸릴 수밖에 없었고, 내용 자체도 다소 긴 편이었습니다. 그러다 보니 business letter는 딱딱하고 무거운 느낌이 있었습니다.

그런데 PC뿐 아니라, 손에 쥔 스마트폰으로도 비즈니스 커뮤니케이션이 가능해진 현재에는 이메일이 거의 문자를 주고받는 것만큼 쉽고 간단해졌습니다. 물론, 편리함이라는 장점과 함께 ASAP(as soon as possible, 가능한 한 빨리)의 압박감 같은 단점이 공존합니다. 또한 이메일이란 매체가 빠르고 편리하다 보니 소위 TMI(정보 과잉)의 덫에 빠질 우려가 있는 것도 사실입니다. 그러므로 위에 적은 문구는 이메일을 작성할 때 꼭 기억하는 게 좋습니다.

실제 글로벌 사업 무대에서 도움이 되는 조언과 전략, 글쓰기 규칙은 물론, 비즈니스 영어 이메일에서 자주 쓰는 표현도 이 책에서 만날 수 있습니다. 책의 목차와 내용은 제가 쓴 〈비즈니스 이메일 영어표현사전〉의 앞부분에서 다룬 이메일 기본 상식을 토대로 확장·보완하고 다양한 연습을 할 수 있도록 설계했습니다. 이 책을 읽고 연습하면 비즈니스 라이팅의 핵심 기본기를 습득할 수 있습니다. 〈비즈니스 이메일 영어표현사전〉을 이미 보유하고 계신 독자분에게는 이 책이 두 배 이상 유용할 거라고 믿습니다.

이 책은 여러분이 갖춰야 할 핵심 영어 이메일 작성 능력을 기르는 가이드를 2주 동안 습득할 수 있게 제공합니다. 단 2주 만에 영어 이메일의 모든 것을 마스터하는 것을 목표로 하지 말고, 앞으로 이메일을 작성할 때 이 책에서 학습한 내용을 직접 활용하는 것을 목표로 삼으세요. 그러면 여러분의 실력도 향상될 것입니다.

책에서는 강사가 피드백을 줄 수 없고, 동료와 함께 하는 활동이 어렵기 때문에, 어떻게 하면 혼자서도 좋은 학습 효과를 낼 수 있을까 많이 고민해서 작은 부분에도 자세히 설명을 넣었습니다. 이 책을 참고로 하여 각자의 영어 실력과 분야에 따라 학습이 필요한 부분은 더 깊게 공부하고, 여러 차례 반복해서 연습하면 반드시 좋은 결과를 얻을 수 있을 것입니다.

이메일을 쓸 때 고민을 덜어줄 수 있는 필수적인 핵심 영어 패턴도 상황별로 함께 실었으며, 각 패턴을 활용해 직접 문장을 연습해볼 수 있게 설계했습니다. 책에 실린 여러 유사 표현 중 자신의 업무에 맞으면서 편하게 구사할 수 있는 표현을 자신의 것으로 만드세요. 자신만의 실무용 영어 표현을 만드는 것입니다. 영어라는 언어는 2주 만에 완벽해질 수 없지만, 핵심 내용만 따로 연습하는 것만으로도 성공적인 이메일 작성이 가능합니다. 이 책이 여러분이 효과적인 영어 이메일을 쓰는 목적을 달성하는 데 실질적인 가이드가 되길 진심으로 바랍니다. 또한 여러분의 실무 영어 실력을 키우는 데 이 시리즈가 밑바탕이 되길 바랍니다. 이번에도 〈2 WEEKS 비즈니스 시리즈〉를 함께 만들어간 다락원 편집부에 감사의 마음을 전합니다. 그리고 독자 여러분: Thank you and good luck!

케빈 경

비즈니스 영어 전문가의
노하우를 다 모았다

이 책에는 십여 년간 비즈니스 영어 강의를 진행한 비즈니스 영어 전문가의 노하우가 모두 담겨 있습니다. 기업과 기관의 연수 과정을 그대로 담았기 때문에 실전에서도 반드시 통합니다. 이 책을 통해 이메일의 구조, 이메일 쓰는 방법, 이메일에서 많이 사용하는 영어 패턴 등을 훈련하세요. 한 번 익혀두면 평생 써먹는 든든한 자산이 될 것입니다.

낮일밤공! 혼자서도
2주 안에 확실히 끝낸다

2주는 이메일의 기본 스킬을 익히는 데 충분한 시간입니다. 매일 적게는 30분, 많게는 1시간 정도 시간을 내면 충분히 이 책의 내용을 내 것으로 만들 수 있습니다. 이메일 도입부부터 본문, 맺음말까지 이 책에 나온 순서대로 따라가기만 하면 됩니다. 오늘의 목표를 확인하고 매일 하나씩 연습해보세요. 이메일 쓰기가 한결 쉬워집니다.

실전 글쓰기 연습으로
이메일 쓰는 법을 훈련한다

실제 비즈니스 현장에서 활용할 수 있는 글쓰기 스킬을 익힐 수 있도록 다양한 글쓰기 연습을 제공합니다. 체계적인 연습 문제를 통해 글쓰기 능력을 효과적으로 키울 수 있습니다. 실제로 비즈니스 이메일에서 많이 사용하는 영어 표현도 연습할 수 있으니, 이메일 쓸 때 적극적으로 활용해보세요.

핵심만 딱딱!
저자의 음성 강의를 듣는다

저자가 직접 녹음한 음성 강의에서는 각 Day에서 가장 중요한 핵심 사항을 짚어줍니다. 수백 명이 참석하는 비즈니스 교육의 진수를 음성 강의로 들을 수 있습니다.

1 이메일 이해하기

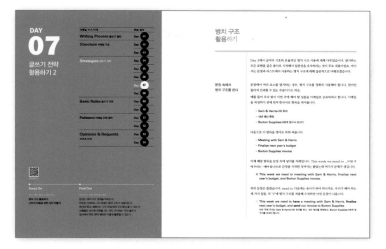

이메일의 구조, 이메일을 쓰는 데 필요한 글쓰기 스킬 등 비즈니스 이메일을 쓰는 주요 방법을 압축해서 배웁니다.

2 이메일 연습하기

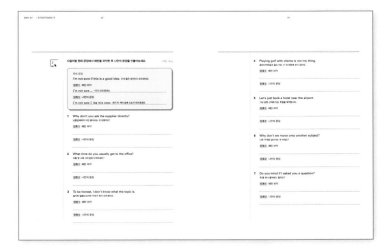

배운 내용을 연습해볼 수 있는 글쓰기 훈련입니다. 실제 비즈니스 이메일을 쓴다고 생각하고 연습해보세요.

스마트폰으로 QR코드를 찍어 저자의 음성 강의를 들어보세요.
다락원 홈페이지에서도 무료로 다운로드받을 수 있습니다. (darakwon.co.kr)

● Contents

2 WEEKS Business English: Email

DAY

01

준비하기

핵심강의 01

Focus On

오늘 배울 핵심 주제입니다

비즈니스 글쓰기 절차
Top 4 문법 오류

Find Out

시작하기 전에 생각해보세요.

영어 이메일을 쓸 때 고려할 우선 사항 세 가지는 무엇인가
비즈니스상 이메일로 기록을 남기는 것이 좋은가
수신자에 따라 이메일을 어떻게 다르게 쓰는가
간단하게 문법과 철자를 검사하는 방법은 무엇인가
이메일을 출력해서 보면 무엇이 좋은가
한국인이 가장 많이 틀리는 문법 요소는 무엇인가

비즈니스
글쓰기 절차

**이메일을 쓰기 전
고려할 사항**

본격적으로 영어 이메일을 쓰기 전에 먼저 심사숙고해야 할 세 가지 사항이 있습니다. 바로 '나'와 '자료', 그리고 '수신자'입니다. 이 세 가지 사항을 자세히 들여다보면, 첫째로는 '나'의 능력과 자질, 성격을 솔직하게 평가하는 것, 둘째로는 이메일의 주제에 관해 내가 이미 가지고 있는 정보와 추가로 준비할 '자료'를 확인하는 것, 셋째로는 내 이메일을 읽을 '수신자'의 특질을 고려해보는 것입니다.

Know yourself. 당신 자신을 알아라.	• 성격, 능력 • 강점, 약점, 한계 • 전반적인 전문 지식	
Know your material. 당신이 가진 자료를 알아라.	• 이미 가지고 있는 정보 • 추가 자료 • 지인, 동료의 도움	
Know your reader. 읽는 사람이 누구인지 알아라.	• 성격, 성향, 나이, 성별 • 전문 분야, 기존 지식 • 나와의 관계 • 주제에 대한 태도	

**이메일의
목적 설정**

일상에서나 비즈니스에서나 모든 커뮤니케이션에는 목적이 있습니다. 이메일도 마찬가지입니다. 이메일 프로그램을 열고 타이핑을 시작하기에 앞서, 내 머릿속에 이메일의 목적이 뚜렷해야 합니다.

이메일을 왜 쓰는가?
먼저 내가 이메일을 쓰는 이유가 무엇인지부터 생각해봅시다. 이메일의 목적은 흔히 다음과 같습니다.

- 뭔가를 알린다
- 뭔가를 요청한다
- 추천하거나 권고한다
- 피드백을 요청한다
- 논의를 시작한다
- 상대방을 설득한다
- 불평을 한다
- 축하하거나 위로한다

내가 원하는 상대방의 액션은 무엇인가?

내가 보낸 이메일을 읽고 상대방이 어떤 행동을 취하길 원하는지 먼저 생각해보세요. 이메일에서 어떤 일을 요청하거나 권고할 때는 내가 하는 말을 상대방이 따라주길 원할 거고, 불평이 담긴 메시지라면 사과하거나 이해해주기를, 축하하거나 위로를 할 때는 고마움으로 반응해주길 바라겠죠. 어떤 면으로 보면 모든 이메일은 설득을 위한 이메일입니다. 그저 정보를 공유하는 글이더라도 상대방이 내가 제시하는 팩트와 데이터 등을 신뢰해야 하니까요. 조금이라도 내가 쓴 정보를 의심하면 안 되겠죠.

이메일만 고집하지 않는다

비즈니스 커뮤니케이션 상황에서는 경우에 따라 이메일 대신 다른 수단을 쓰는 것이 더 적절할 수도 있습니다. 대안으로 이메일 대신 다음과 같은 방법을 택할 수도 있습니다.

- 우편으로 보내거나 직접 전달하는 서신(편지)
- 음성 통화
- 영상 통화
- 문자 메시지 또는 메신저 서비스
- 대면 회의 또는 화상 회의

민감한 사항은 구두로 전달한다

주제나 내용이 다소 민감하거나 자칫 오해를 불러일으킬 소지가 있다면, 되도록 이메일같이 필기로 된 커뮤니케이션 수단 대신 대면 회의나 전화 통화 등 다른 수단을 사용하는 것이 좋다. 이를테면 징계나 갈등, 동료에 대한 우려, 내부 불만 토로 등은 이메일보다는 구두로 직접 전달한다.

**이메일을 읽을
수신자 고려하기**

앞에서 "읽는 사람이 누구인지 알아라."(Know your reader.)는 이메일을 쓰기 전에 고려해야 할 우선 사항이라고 언급했습니다. 동일한 주제라고 할지라도 정보를 받는 수신자에 따라 인사말과 결구는 물론, 표현과 전체적인 어조, 때로는 이메일의 구조와 길이가 달라질 수밖에 없습니다.

수신자마다 다른 특성을 고려한다

여러 요소 중 수신자에 대해 우선 고려해야 할 사항은 다음과 같습니다.

- 나와의 기존 관계
- 회사 내에서의 위치
- 이메일 주제와 내용에 대한 익숙함의 정도
- 문화적 배경
- 나이와 성별

수신자에게 새로운 내용이라면 주의한다

수신자가 같은 분야에서 종사하고 있고 특정 주제에 대해 이미 나와 공유하고 있는 사이더라도, 이번 이메일에 작성할 특정 내용에 대해서는 얼마나 알고 있는지 생각해봐야 합니다. 예를 들어 수신자가 회사의 토목 협력업체이며 부산에 있는 쇼핑몰 프로젝트를 함께 진행하고 있다고 가정합시다. 그런데 오늘 아침 고객이 갑자기 북쪽 건물 옥상에 작은 정원을 하나 추가하자고 했다면, 이 부분은 수신자에게는 새로운 정보가 됩니다.

필요한 내용만 적는다

이메일에 어떤 내용을 넣을지 정했더라도 디테일을 얼마나 포함해야 하는지는 고려해봐야 합니다. 대부분의 경우, 내가 보유하고 있는 모든 정보를 이메일에 넣어 단순히 '전달'만 하는 것은 바람직하지 않습니다. 추리고 추려서 상대방이 꼭 필요한 정보만 포함해야 합니다. 이메일에도 소위 TMI(too much information), 즉 '정보 과잉'은 비생산적이니까요.

수신자 타입에 따라 다른 어조를 쓴다

수신자가 누구인가에 따라 전체적인 어조와 표현이 달라집니다. 격식적인 어조를 쓸 때가 있고, 좀 더 일상적인 어조를 쓸 때도 있습니다.

- **고객이나 클라이언트**
  아무리 친한 사이더라도 사실상 공식적인 서신으로 취급해야 합니다. 어떤 서신이라도 향후 법적인 문제가 생길 경우, 증거로 채택될 수 있기 때문입니다. 물론 오래 알고 지낸 사람에게 쓰는 이메일의 어조는 다소 캐주얼할 수도 있습니다.

- **직장 동료**
  비교적 편한 어조를 쓰면 됩니다. 일상에서 쓰는 표현도 많이 등장하는 편이죠. 하지만 이메일 이라는 매체는 내가 모르는 사이에 제3자에게도 전달될 가능성이 있으니 긴장을 완전히 풀지 는 마세요.

- **협력업체나 납품업체**
  경우에 따라 격식을 덜 갖출 수 있습니다. 다만 여기서도 이메일 내용이 법적으로 사용될 수 있다는 점을 기억해야 합니다.

같은 내용이더라도 수신자에 따라 쓰는 문장이 달라지기도 합니다. 이를테면 어떤 내용에 대해 상대방과 내일 만나서 논의하고 싶다고 가정합시다. 작성자에 따라 선호하는 스타일이 있기 마련이지만, 주요 고객, 상사, 친한 직장 동료별로 각각 다음과 같이 다르게 표현할 수 있습니다.

주요 고객
- If you're available, could we meet tomorrow to discuss this?
  시간이 되신다면, 내일 만나서 이것에 대해 논의할 수 있을까요?

상사
- Could we meet tomorrow to discuss this?
  내일 만나서 이것에 대해 논의할 수 있을까요?

직장 동료
- Mind meeting tomorrow to discuss this?
  내일 만나서 이것에 대해 논의할 수 있을까?

수신자에 대해 자문하면서 작성한다

충분한 정보가 없거나 혼란스러운 요소로 인해 불필요하게 질문과 답을 주고받는 일은 없어야 합니다. 자신에게 다음과 같은 질문을 던지면서 이메일을 작성해보세요.

- 내가 상대방에게 원하는 조치나 행동은 무엇인가?
- 내가 원하는 것을 얻으려면 상대방에게 어떤 정보를 줘야 하는가?
- 상대방이 알고 싶어 하는 정보는 무엇인가?
- 상대방에게 언제까지 답변을 받아야 하는가?

명확하고 간결한 짜임새 사용하기

이메일의 튼튼한 뼈대

전반적으로 이메일은 도입부, 본문, 맺음말(마무리)이라는 3단 구성으로 이루어지며, 다음과 같은 짜임새로 이루어집니다.

- 레이아웃 layout   따라가기 쉬운 포맷을 사용한다
- 구조 structure   명확한 도입부와 맺음말을 사용한다
- 구성 organization   이해가 가는 논리적 전개를 사용한다

이메일의 구성 전개 방식

이메일의 내용에 따라 다양한 전개 방식을 사용할 수 있습니다. 아래 리스트는 비즈니스 이메일에서 자주 사용되는 구성 전개 방식입니다.

- **Beginning, Middle, and End** 시작, 중간, 끝
- **Comparison or Contrast** 비교 또는 대조
- **Cause and Effect** 원인과 결과(인과 관계)
- **Classification** 분류
- **Chronological Order / Process Sequence** 연대순 / 절차순
- **Problem - Solution** 문제 - 해결책

1   앞에서 소개한 이메일의 구성 전개 방식을 참고해, 다음 이메일이 어떤 방식에 속하는지 빈칸에 적어보세요.

▸정답 179p

1

시간 또는 사건의 발생 순서가 중요할 때

After the MOU was signed in January, our general counsel negotiated with his counterpart until a draft of the contract was turned in to the respective CEOs in March. Two months later, in May, our CEO flew to California and executed the contract. The new partnership officially goes into effect in July.

1월에 MOU가 체결된 후, 당사 법무 자문위원이 상대 쪽 담당자와 협상해서 3월에 각자 회사의 CEO에게 계약서 초안을 제출했습니다. 두 달 후인 5월에는 저희 CEO께서 비행기로 캘리포니아에 가셔서 계약을 체결했습니다. 새로운 파트너십은 7월에 공식 출범합니다.

2

큰 주제를 더 작은 요소들로 나눌 때

There are three factors to consider in selecting a new photocopy machine. The first is the cost, which we believe we can assist you in reducing. Secondly, there is the delivery time. You will find that our delivery schedule is the fastest in the business. Lastly, you would consider the warranty of the machine. We can guarantee a ten-year warranty on parts and labor.

새 복사기를 선택할 때 고려할 요소가 세 가지 있습니다. 첫째는 비용인데, 저희는 그 비용 절감을 도와드릴 수 있다고 생각합니다. 둘째는 배송 시간입니다. 저희의 배송 일정이 업계에서 가장 빠르다는 걸 알게 되실 겁니다. 마지막으로 기계의 보증기간을 고려하실 겁니다. 저희는 부품과 인건비가 포함된 10년의 보증기간을 약속드릴 수 있습니다.

3

어떤 사건이 발생한 이유를 논의하거나, 특정 사건이나 행위의 결과를 예상할 때

The new training program has yielded us a boost in employee morale, significant productivity gains, and positive PR.

새 훈련 과정은 직원들의 사기 증가, 주목할 만한 생산력 증가, 그리고 긍정적인 홍보를 이끌어냈습니다.

4

여러 대안을 언급할 때

Although the two candidates are both worthy of consideration, we believe that experience is the most important factor for us at this time. Candidate A has 10 years while Candidate B only has 5. In light of this, we would like to hire Candidate A.

두 후보자 모두 고려할 가치가 충분하지만, 저희는 현재로서는 경험이 가장 중요한 요소라고 생각합니다. 후보자 A는 경험이 10년 있는 반면 후보자 B는 5년밖에 없습니다. 이를 미루어볼 때, 후보자 A를 채용하고 싶습니다.

5

문제에 대한 해결책을 제시할 때

As you are aware, there has been an increase in defects on the factory floor. We have discovered that they are caused by excessive overtime and lack of proper lighting. Effective tomorrow morning, there will be no overtime past 10 p.m. Also, new lighting has been added to the floor this afternoon.

여러분이 알다시피, 공장 현장에서 결함이 증가하고 있습니다. 이는 과도한 초과 근무와 제대로 된 조명이 부족해서 생긴 일이라는 걸 발견했습니다. 내일 아침을 시작으로 밤 10시 이후에는 초과 근무가 없을 겁니다. 또한 오늘 오후 현장에 새로운 조명이 추가됐습니다.

6

사건의 흐름을 설명할 때

I apologize for not calling you last night as I had indicated on my last email.
I was ready to dial your number at 9 p.m. when I received an emergency call from my colleagues at the office. They needed my assistance with a specific area for a proposal, and I had to spend an hour on the phone.
If it's okay with you, I would like to call you tomorrow night at 9 p.m. Please let me know if this is suitable for you.

제가 지난번 이메일에서 말씀드린 것과 달리 어젯밤에 전화를 드리지 못한 것에 대해 사과드립니다.
밤 9시에 전화번호를 누르려는 순간 회사 동료들로부터 비상 전화를 받았습니다. 한 제안서의 특정 부분에 대해 제 도움이 필요했기에 1시간 동안 통화를 해야 했습니다.
괜찮으시다면, 내일 밤 9시에 전화를 드렸으면 합니다. 가능한지 알려주길 바랍니다.

적절한 언어 사용하기

깔끔한 단어와 문장을 쓴다

다소 격식을 차린 어조를 쓰든 더 캐주얼한 표현을 쓰든, 모든 문장은 이해하기 쉽고 간결해야 합니다. 격식을 차려야 하는 글이 아니라면 단어는 가급적 간단하고 쉬운 것을 쓰되, 구체적이고 명확해야 합니다. 또한 특정 업계 용어가 아닌, 누구나 알아들을 수 있는 표현을 사용하는 것이 좋습니다. 물론 변호사나 의사 등 특정 분야의 동료 전문가에게 보내는 이메일은 예외겠죠.

문법과 철자 오류는 피한다

구두로 하는 커뮤니케이션에서는 오류가 있더라도 제스처나 상대의 재확인을 통해 소통이 원활한 편입니다. 반면 이메일은 상호적이지 않고 일방적인 매체인데다, 시간을 두고 작성해서 내용을 체크할 수 있는 만큼 글 속에 들어가는 오류를 최대한 줄여야 합니다. 문법적인 실수는 말할 것도 없고, 철자가 틀리는 실수는 특히 피해야 하죠.

검토와 수정, 편집하기

오류가 있는지 검토한다

오류를 확인하거나 검토할 때 좋은 방법 중 하나는 MS Word 같은 워드 프로세서 프로그램을 사용해 글을 작성하는 겁니다. 수시로 문법과 철자의 자동 검사가 진행되기 때문에 오류를 발견하기 수월하죠. 그런 다음 그 글을 복사해 이메일 프로그램에 붙여 넣어서 보내면 됩니다. 다만 자동 고침 옵션 때문에 내가 원하지 않는 단어로 바뀔 수도 있으니, 철자가 맞는지 애매할 때는 온라인 사전으로 다시 한번 확인하세요.

이메일을 보내기 전에 날짜와 숫자 등 중요한 데이터 역시 재확인해야 합니다. 사람의 이름이나 존칭, 장소나 회사의 명칭 등도 재확인하는 게 좋죠. 조그만 오류도 신뢰에 큰 영향을 끼치기 때문에 주의가 필요합니다.

출력해서 본다

다소 길거나 중요한 내용이 담긴 이메일이라면 출력해서 꼼꼼히 검토할 것을 적극 추천합니다. 스크린으로 보는 글과 출력된 인쇄물hard copy에 찍힌 글은 확연히 다릅니다. 가독성은 인쇄물 쪽이 더 뛰어나죠. 저는 영어가 됐든 한국말이 됐든, 이메일이든 원고이든 꼭 출력해서 검토하는 과정을 거칩니다. 빨간 펜이나 굵은 펜으로 수정하는 건 기본이고요.

편집자가 되어서 검토한다

이렇게 생각하면서 모든 문장을 다시 읽어보세요. '이것을 더 간결하고 더 정확하게 쓸 수 있을까?' 그러면서 불필요하게 중복되는 단어와 구, 문장을 삭제합니다. 경우에 따라 단락 전체를 생략할 수도 있습니다. 만약 주제가 다른 내용이 서로 섞여 있다면 별도의 이메일로 보내는 것도 방법이죠.

또 하나의 좋은 방법은 소리 내서 읽어보는 겁니다. 내가 쓴 영어가 자연스럽게 들리는지 확인하는 거죠. 중요한 이메일이라면 동료나 다른 사람에게 한번 읽어봐 달라고 부탁하는 것도 좋습니다. 물론 영어 이메일인 만큼 원어민 수준의 영어를 구사하는 사람에게 부탁한다면 금상첨화겠죠.

이메일은 곧 증거물이다

인터넷으로 전달되는 모든 필기 수단이 그렇듯 이메일은 영원하다. 내가 특정 이메일을 지워버린다고 해도 서버에는 여전히 남아 있고, 수신자 역시 당연히 내가 보낸 해당 이메일을 가지고 있을 것이다. 그리고 나도 모르게 내가 쓴 이메일이 다른 사람에게 전달되어 제3자가 볼 수도 있다. 추후에 법적 문제가 생길 경우 내가 이메일로 쓴 글은 증거물이 된다.

Top 4
문법 오류

직접 대면으로 하는 영어 대화에서는 문법이 완벽하지 않더라도 보디랭귀지와 제스처, 말에 대한 재확인을 통해 의사소통이 비교적 수월한 편입니다. 상대방은 사소한 문법적인 실수에 대해서도 너그럽게 넘어가주는 편이죠. 그런데 이메일처럼 서면으로 하는 일방적인 영어 커뮤니케이션은 다릅니다. 작은 오류 하나가 큰 혼동을 초래할 수도 있습니다. 내가 쓴 오류 때문에 상대방은 불필요하게 재확인을 하는 경우도 생기고요. 더군다나 비즈니스 상황에서는 잘못 쓴 표현 하나가 자칫 법적 파장까지 일으킬 수 있는 만큼, 쓰는 글이 더욱 명확해야 합니다.

**단골 문법 오류
4가지**

여러 해 동안 집중 영어 습득 훈련과 비즈니스 영어 스킬 과정을 진행하면서 가장 자주 접한 4가지 문법 오류를 소개합니다. 영어로 이메일을 쓸 때 자주 실수하는 부분이니 주의해야 합니다. (여기 나온 틀리기 쉬운 문법 사항에 대해서는 Day 8에서 자세히 연습해봅시다.)

수의 일치 (subject-verb agreement)

영어에서 주어와 동사의 수를 일치하는 일, 정말 '일'같이 느껴질 수 있습니다. 문장이 길어지고 복잡해질 때는 더욱 그렇죠. 주어가 단수 명사인데 복수 동사로 받거나, 그 반대로 주어는 복수 명사인데 단수 동사로 받는 것도 흔히 저지르는 오류입니다.

　X The **idea** behind the workshop exercises **were** to develop grammar skills.
　○ The **idea** behind the workshop exercises **was** to develop grammar skills.
　워크숍 연습의 목적은 문법 기량을 키우는 것이었습니다.

동사 시제 (verb tenses)

간단한 동사는 시제 바꾸기가 무난한 편이지만, 비교적 익숙하지 않거나 글자가 많이 들어가는 동사에서는 혼동하는 경우가 잦습니다. 과거 시제에서 과거동사 대신 현재 동사를 쓰는 것도 자주 하는 실수죠.

> X I **schedule** the appointment yesterday.
> ○ I **scheduled** the appointment yesterday.
> 어제 약속을 잡았습니다.

관사 (articles)

관사가 한국어에는 없는 문법 요소다 보니, 글을 쓰다 보면 관사를 빼먹는 일이 종종 생기기도 합니다. 부정관사(a, an)를 써야 할지, 정관사(the)를 써야 할지 혼란스러울 때도 많죠. 미국식 영어와 영국식 영어 문법에 따라 관사 사용법에 살짝 차이도 있으니 더 어렵게 느껴지는 부분입니다. (자세한 차이점은 118페이지를 참고하세요.)

> X Subcontractor on our project did not attend meeting.
> ○ **A** subcontractor on our project did not attend **the** meeting.
> 우리 프로젝트의 협력업체 한 곳은 그 회의에 참석하지 않았습니다.

전치사 (prepositions)

영어 학습자에게 전치사는 골치 아픈 존재가 아닐 수 없습니다. 비교적 레벨이 높은 영어 실력자들마저 가끔씩 전치사를 틀리게 쓸 정도니까요. 이메일을 보내기 전에 맞는 전치사를 사용했는지 검토가 필요한 이유입니다.

> X **On** October, the boss would leave work **until** noon **in** Tuesday afternoons to go to her mother's house in the country.
> ○ **In** October, the boss would leave work **at** noon **on** Tuesday afternoons to go to her mother's house in the country.
> 10월에는 사장님이 화요일 오후마다 정오에 퇴근해서 시골에 있는 어머니 집으로 가시곤 했습니다.

DAY
02

이메일 구조
이해하기 1

핵심강의 02

Focus On

오늘 배울 핵심 주제입니다

이메일의 구조
이메일 제목 잘 고르는 법
인사말과 결구 공식

Find Out

시작하기 전에 생각해보세요.

영어권의 모든 커뮤니케이션에 들어가는 세 가지 요소는 무엇인가
이메일 창에 있는 CC는 무슨 뜻인가
신문이나 잡지 기사와 이메일은 어떤 공통점이 있는가
이메일 제목은 몇 단어가 적절한가
인사말에서 Dear와 Hi는 무슨 차이가 있는가
수신자가 여자라면 어떤 호칭으로 통일하는 것이 좋은가

이메일의
구조

햄버거 같은
커뮤니케이션 구조

영어권에서 모든 커뮤니케이션 수단은 큰 틀에서 보면 공통적으로 세 가지 요소로 구성되어 있습니다. 바로 '도입부'와 '본론', '마무리'입니다. 이는 햄버거의 구조와 유사합니다. 위쪽 빵인 도입부와 아래쪽 빵인 마무리(맺음말)가 세부적인 핵심 내용이 담긴 본론(본문)을 잘 고정시켜주는 역할을 하는 거죠. 이메일 역시 이러한 3단 구조를 따릅니다.

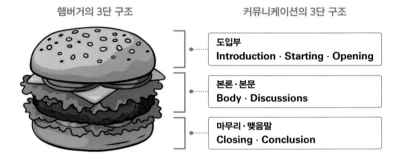

이메일의
기본 구조

이메일 프로그램에 따라 조금씩 다르지만, 대체로 '메일 쓰기'를 누르면 자동적으로 상단에는 보낸 사람From, 받는 사람To, 참조CC, 제목Subject 등의 여러 필드field가 속한 이메일 헤더email header가 나타나고, 하단에는 글을 타이핑할 수 있는 박스가 생성됩니다. 이 박스에 앞서 언급한 '도입부', '본론', '마무리'의 3단 구조에 따라 내용을 작성하면 됩니다. 이때 이메일 맨 앞에는 인사말salutations이 들어가고 맨 끝부분에는 결구complimentary close가 들어가죠.

제목, 인사말, 결구의 공식은 뒤쪽에서 자세히 다루기로 하고, 여기서는 먼저 CC(참조)와 본문에 들어갈 내용부터 자세히 살펴보겠습니다.

CC는 실은 먹지에서 시작되었다

carbon copy의 약자인 CC(참조)에는 흥미로운 유래가 있습니다. 인터넷의 보급으로 이메일이 활성화되기 전에는 편지를 일일이 타자기로 친 다음 우편으로 보내야 했습니다. (나중에 팩스가 생기면서 큰 변화가 이뤄졌지만요.) 그러다 보니 회사는 늘 편지를 보낸 후에 보관할 사본이 필요했습니다. 복사기가 없을 때는 가장 좋은 방법이 수신자가 받을 원본 종이와 사본 종이 사이에 먹지, 즉 carbon paper를 넣고 타자를 치는 것이었습니다. 그리하여 '복사본'을 뜻하는 carbon copy라는 용어가 생겼고, 지금도 다른 수신자에게 메일의 복사본을 보낼 때 약자 CC라는 표현을 사용하는 겁니다.

참고로 BCC(숨은 참조)는 blind carbon copy의 약자입니다. '눈이 먼'을 뜻하는 blind라는 단어가 말해주듯, 수신자에게는 보이지 않는 다른 사람에게 해당 이메일을 참조로 보낼 때 사용하는 항목이죠. 이 책에서 여러 번 강조하지만, 내가 쓰거나 받는 이메일은 무한 배포가 가능하기에 늘 주의가 필요합니다.

본문에 들어가는 내용 종류

아주 큰 틀에서 보면 본문^{Body}에 들어갈 내용의 종류는 그다지 많지 않습니다. 본문에 오는 가장 대표적인 내용은 news(소식)인데, 상대방에게 필요한 정보와 축하, 동의 등이 담긴 good news(좋은 소식) 또는 불허와 의견 불일치, 책망이 담긴 bad news(나쁜 소식)가 있습니다. 권고나 부탁이 포함된 request(요청)와 실수나 오류에 대한 apology(사과)도 본문에 들어가죠. 또한 본문에서는 업무와 관련된 다양한 opinion(의견)을 상대방에게 제공하기도 합니다. 여기에 그림이나 사진, 데이터 파일 등을 첨부해 attachment(파일 첨부)를 넣을 수도 있죠.

이메일 구조
한눈에 보기

From 보낸 사람

To 받는 사람

CC 참조

BCC 숨은 참조

Subject 제목

Attachments 파일 첨부

Salutations 인사말	• Hi 안녕하세요
	• Hello 안녕하세요
	• Dear … ∼에게, ∼께
Introduction 도입부	• Thank you for … ∼에 대해 감사드립니다
	• This is in regard to … ∼에 관한 건입니다
	• I'm writing to … ∼하기 위해 메일을 보냅니다
Body 본문	• Good news 좋은 소식
	• Bad news 나쁜 소식
	• Requests 요청
	• Apologies 사과
	• Opinions 의견
	• Attachments 파일 첨부
Closing 맺음말	• I look forward to … ∼를 기다리겠습니다
	• Again, thanks for …
	∼에 대해 다시 한 번 감사드립니다
	• Please let me know … ∼에 대해 알려주세요
Complimentary Close 결구	• Sincerely,
	• Best regards,
	• Yours truly,
	• Regards,
	• Cheers,

SEND

이메일 제목
잘 고르는 법

**제목은 기사의
헤드라인처럼
만든다**

현대 사회의 직장인들은 바쁜 일상 속에서 매일 여러 다양한 업무를 처리해야 합니다. 아마 이 중에서 이메일 읽기와 쓰기가 꽤 많은 비중을 차지할 겁니다. 특히 다수의 해외 고객사 및 협력사와 소통하고 있다면 영어 이메일은 주요 업무 중 하나가 될 수밖에 없죠. 그러니 내용을 간결하고 명확하게 작성해야 하는 과제와 더불어, 모국어가 아닌 영어로 작성해야 하는 스트레스가 더해집니다.

도입부와 본론, 맺음말을 잘 작성했더라도 이메일 제목에도 심혈을 기울여야 합니다. 내 이메일을 받는 상대방 역시 바쁜 사람이기에 제목이 뚜렷해야 바로 열어서 읽어볼 테니까요. 그래서 제목은 간결하고 명확하고 구체적이어야 합니다. 이때 신문이나 잡지 기사의 헤드라인이라고 생각하고 제목을 작성하면, 수신자는 이메일의 내용을 그만큼 더 쉽게 파악할 수 있습니다.

**수신자가 바로
파악 가능하게
작성한다**

수신자가 제목이 눈에 들어오자마자 이메일을 열게 하는 방법은 다음과 같습니다.

- 너무 짧지도 길지도 않은 10단어 이내로 작성한다
- 완전한 문장 대신 구^{phrase}를 사용한다
- 구두점(마침표, 콤마, 콜론 등)은 생략한다
- 불필요한 관사(a, an, the)는 생략한다

제목에서 첫 단어의 첫 문자와 고유명사의 첫 문자는 반드시 대문자로 처리합니다. 비교적 짧은 제목의 경우에는 전치사와 접속사 같은 단어를 제외한 모든 단어의 첫 글자를 대문자로 쓰는 것을 추천합니다. 눈에 더 잘 들어오기 때문이죠. 몇 가지 예를 살펴보겠습니다.

- **Project Budget Report**
  프로젝트 예산 보고서

- **Drawings for Palo Alto Office Renovation**
  팰로앨토 사무실 보수공사 도면

- **Overseas business trip schedule for October and November**
  10월과 11월 해외 출장 일정

다음 이메일 본문의 일부를 읽고 제목을 만들어보세요. ▶정답 179p

1

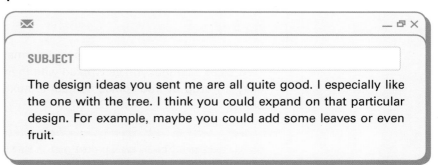

SUBJECT

The design ideas you sent me are all quite good. I especially like the one with the tree. I think you could expand on that particular design. For example, maybe you could add some leaves or even fruit.

제게 보내주신 디자인 아이디어들 모두 다 정말 좋습니다. 전 특히 나무가 있는 디자인이 마음에 듭니다. 제 생각에는 그 특정 디자인을 확장할 수 있을 것 같습니다. 예를 들어, 나뭇잎을 좀 넣거나 또는 과일도 추가하면 어떨까 합니다.

2

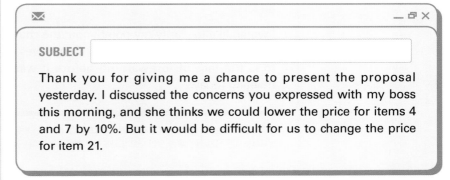

SUBJECT

Thank you for giving me a chance to present the proposal yesterday. I discussed the concerns you expressed with my boss this morning, and she thinks we could lower the price for items 4 and 7 by 10%. But it would be difficult for us to change the price for item 21.

어제 제 제안서를 발표할 기회를 주셔서 감사합니다. 우려를 표하신 부분에 대해 제 상사와 오늘 아침에 논의했는데, 종목 4와 7의 가격을 10% 낮출 수 있을 것 같다고 하시네요. 그런데 종목 21의 가격은 바꾸기 어렵겠습니다.

3

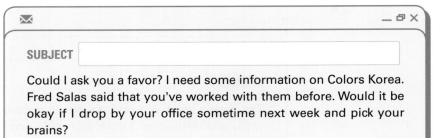

SUBJECT

Could I ask you a favor? I need some information on Colors Korea. Fred Salas said that you've worked with them before. Would it be okay if I drop by your office sometime next week and pick your brains?

부탁 하나 드려도 될까요? Colors Korea사에 대해 정보가 좀 필요합니다. Fred Salas가 당신이 전에 그들과 일한 적이 있다고 하더군요. 다음 주 언제 괜찮을 때 그쪽 사무실에 들러서 자문 좀 구해도 될까요?

4

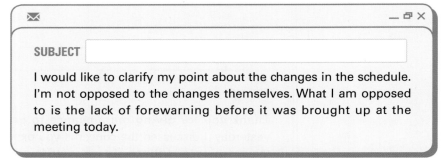

SUBJECT

I would like to clarify my point about the changes in the schedule. I'm not opposed to the changes themselves. What I am opposed to is the lack of forewarning before it was brought up at the meeting today.

일정 변경에 관한 제 의견에 대해 명확히 말씀 드리고 싶습니다. 저는 변경 사항 자체에는 반대하지 않습니다. 제가 반대하는 것은 오늘 회의 때 그 말이 나오기 전에 아무 예고도 없었다는 점입니다.

5

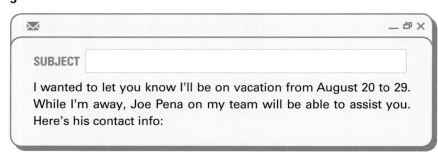

SUBJECT

I wanted to let you know I'll be on vacation from August 20 to 29. While I'm away, Joe Pena on my team will be able to assist you. Here's his contact info:

제가 8월 20일부터 29일까지 휴가라는 것을 알려드리고 싶어 연락 드립니다. 제가 없을 동안 저희 팀에 있는 Joe Pena가 도와드릴 수 있습니다. 여기 그의 연락 정보입니다:

인사말과
결구 공식

인사말
Salutations/
Greeting

이메일의 맨 첫 부분에 오는 인사말은 수신자가 누구인가에 따라 달라집니다. 격식을 갖추어야 할 수신자 또는 클라이언트에게는 공식적인 서신에 적절한 호칭과 인사말을 쓰고, 친한 사람에게는 비교적 캐주얼한 인사말을 씁니다.

공식적인 서신의 인사말

격식을 갖출 때는 Dear 다음에 Mr.(남자)나 Ms.(여자)와 함께 상대방의 성을 쓰고, 끝에 콜론(:)을 붙입니다. 예전에 우편으로 보내는 편지를 쓸 때와는 달리 요즘은 콤마(,)를 써도 무난합니다. 교수에게는 Prof.(Professor), 의사나 박사에게는 Dr.(Doctor)란 호칭을 쓰기도 합니다.

- **Dear Ms.** Jones:
- **Dear Ms.** Jones,

서로 이름을 부르는 사이라면 Dear 다음에 성 없이 이름만 붙입니다. 상대방이 보낸 이메일에서 결구 아래에 자신의 성을 빼고 이름만 썼어도 마찬가지로 그 이름을 인사말에서 사용합니다.

- **Dear** Janet:
- **Dear** Janet,

흔히 친한 비즈니스 관계라면 Dear 대신 Hi를 쓰고, 이 뒤에 이름과 콤마(,)를 쓰기도 합니다.

- **Hi** Janet,

여자 수신자에게는 Dear 다음에 Ms.를 쓴다
수신자가 여자인 경우에는, 미혼이든 기혼이든 상관 없이 성 앞의 호칭은 Ms.를 사용한다. 미혼 여성의 호칭인 Miss나 기혼 여성의 호칭인 Mrs.를 사용하는 대신, 공통적으로 사용하는 Ms.를 쓰는 것이 좋다.

캐주얼한 서신의 인사말

어려운 비즈니스 상대가 아니라 지인이나 친구에게 이메일을 보낼 때는 인사말이 다릅니다. Hi 또는 Hello 다음에 이름을 쓰고 콤마(,)를 붙입니다. 간단히 이름만 적기도 합니다.

- **Hi** Mark,
- **Hello** Mark,
- Mark,

이름을 모를 때 인사말

상대방의 이름을 모를 때는 Dear 뒤에 직책을 적습니다. 부서나 팀 명칭을 쓸 수도 있습니다.

- **Dear** Sales Manager: 영업부장님께
- **Dear** Customer Service: 고객서비스 부서 귀하

내가 연락하고자 하는 해당 부서가 확실치 않을 때는 Dear 뒤에 회사나 기관, 단체의 명칭을 적어도 됩니다.

- **Dear** Jota Books:
- **Dear** Duran & Associates:

또는 '관계자분께'를 뜻하는 To Whom It May Concern을 사용할 수도 있습니다. 격식을 차릴 때는 Dear Sir or Madam을 쓰기도 합니다. 이때 Dear Sir처럼 성 중립에 어긋난 인사말은 삼갑니다.

- **To Whom It May Concern**: 관계자분께
- **Dear Sir or Madam**: 관계자분께

Dear와 호칭 다음에는 성만 쓴다

제목이나 인사말에서 Mr. / Ms. 같은 호칭 뒤에는 이름을 빼고 성만 쓴다. 전체 이름을 쓰면 마치 여러 사람에게 같은 내용으로 인사말 부분만 바꿔서 보내는 대량 메일(bulk mail)이란 느낌이 강하고 어색하기까지 하다.

X Dear Mr. John Smith:
O Dear Mr. Smith:

결구
Complimentary Close

이메일 제일 끝에 들어가는 결구 역시 인사말과 마찬가지로 상대방과의 관계에 따라 표현이 달라집니다.

공식적인 서신의 결구

Dear로 이메일을 시작했다면 Sincerely나 Sincerely yours를 쓰고 콤마를 붙입니다. Cordially도 가능하고, 특별히 격식을 차릴 때는 Yours truly나 Respectfully 를 쓰기도 합니다.

- Sincerely,
- Sincerely yours,
- Cordially,
- Yours truly,
- Respectfully,

친하게 지내는 사이라면 Regards나 Best regards를 써도 좋습니다.

- Regards,
- Best regards,

이메일 맨 끝에는 성까지 포함한 나의 전체 이름을 적습니다.

- Kevin Kyung

캐주얼한 서신의 결구

친한 지인과 친구에게 쓰는 결구는 아주 간단합니다. 앞서 언급한 대로 친한 사이 에서는 Regards와 Best regards가 가장 무난하고 Cheers도 가능합니다. 간단히 Thanks!로 끝내기도 합니다. 참고로 가족이나 연인에게는 Love, 형제자매에게는 Your bro나 Your sis 같은 결구를 쓸 수도 있습니다.

- Regards,
- Best regards,
- Cheers,
- Thanks!

맨 끝에는 성 없이 내 이름만 붙입니다.

- Kevin

2

다음 수신자마다 적절한 인사말(salutation)을 써보세요. ▶정답 179p

보기	
Your friend Michelle	Hi Michelle,

1 Your professor (Kim) ....

2 Your lawyer (Hwang) ....

3 Your doctor (Lee) ....

4 Your English instructor (Kevin) ....

5 Your CEO (Jane Smith) ....

6 U.S. Embassy visa department ....

7 Assemblymember Lee ....

8 The President of Korea ....

9 Your cellular service provider ....

10 Your college department ....

11 Your mother ....

12 A potential client (Tom Smith) ....

13 Kyobo online store ....

14 A foreigner you met at a party (Joe) ....

3 다음 수신자마다 적절한 결구(complimentary close)를 써보세요. ▶정답 179p

보기	
Your friend Michelle	Regards,

1 Your professor (Kim)

2 Your lawyer (Hwang)

3 Your doctor (Lee)

4 Your English instructor (Kevin)

5 Your CEO (Jane Smith)

6 U.S. Embassy visa department

7 Assemblymember Lee

8 The President of Korea

9 Your cellular service provider

10 Your college department

11 Your mother

12 A potential client (Tom Smith)

13 Kyobo online store

14 A foreigner you met at a party (Joe)

DAY
03

이메일 구조
이해하기 2

핵심강의 03

Focus On

오늘 배울 핵심 주제입니다

도입부와 맺음말
글머리 기호 사용하기
하나의 주제만 쓰기
문단 효율적으로 구성하기

Find Out

시작하기 전에 생각해보세요.

맺음말은 늘 긍정적으로 쓰는 것이 좋은가
글머리 기호는 언제 유용하게 사용할 수 있는가
리스트를 열거할 때 병치 구조가 중요한가
이메일의 주제는 몇 개가 적절한가
주제 문장이란 무엇인가
파일을 첨부할 때 자주 쓰는 표현은 무엇인가

도입부와 맺음말

친절한 도입부

도입부에서 자주 쓰는 표현 양식은 그리 많지 않으므로 몇 가지 문장 패턴만 익혀두면 이메일을 쉽게 시작할 수 있습니다. 첫 번째 방법은 내가 이메일을 쓰는 이유를 단도직입적으로 언급하는 것입니다.

- **I'm writing to** ask you a question.
  질문을 드리기 위해 메일을 씁니다.

답장을 보내면서 상대방이 보낸 이메일을 언급할 때는 이런 표현도 좋습니다.

- **This is in regard to** your email yesterday.
- **This is regarding** your email yesterday.
  어제 주신 이메일에 관한 것입니다.

그런데 가능하면 시작부터 감사의 뜻을 전하는 것이 가장 좋습니다. 그저 답변으로 쓰는 이메일이라도, 내용이 좋은 소식이든 나쁜 소식이든 말입니다.

- **Thank you for** your email yesterday.
  어제 주신 이메일에 감사드립니다.

긍정적인 맺음말

이메일 내용이 좋든 나쁘든, 상대가 단골 고객이든 동료이든 낯선 사람이든, 이메일은 긍정적이고 미래지향적인 표현으로 마무리하는 것이 좋습니다. 예를 들어 답변이 필요할 때는 상대를 압박하는 대신 에둘러서 기대감을 표현합니다.

- **I look forward to** hearing from you.
  귀하의 답변을 기대합니다.

상대의 답변이 필요 없고 단순히 정보만 전하는 이메일이라면 다음과 같은 패턴으로 마무리해도 무방합니다.

- **If you have any** questions, **please** email me.
  질문이 있으시면 이메일 보내주세요.

또는 상대가 필요한 것이 있으면 알려달라고 해도 좋습니다.

- **Let me know if** I can assist in any way.
  어떤 식으로든 도와드릴 수 있으**면 알려주세요.**

앞에서 이미 표한 고마움을 again을 써서 다시 한번 전하는 것도 하나의 방법입니다.

- **Again, thanks for** your concern.
  걱정해주심에 대해 다시 한번 감사드립니다.

상대에게 있을 중요한 일에 대한 응원으로 마무리할 수도 있습니다.

- **Good luck with** your presentation.
  프레젠테이션 **파이팅입니다.**

수신자와 잘 아는 사이라면 매우 간단하고 캐주얼한 표현으로 마무리하는 것도 가능합니다.

- Talk to you soon.
  곧 연락합시다.
- **See you on** Wednesday.
  수요일에 봐요.
- Thanks.
  고마워요.

글머리 기호
사용하기

**보다 간결하고
효율적으로 전달**

앞서 PREFACE에서도 언급했지만 불과 몇십 년 사이에 '서신'은 격식을 차린 우편 편지에서 문자나 메신저와 맞먹는 빠른 속도로 주고받을 수 있는 이메일로 탈바꿈했습니다. 자연스레 양도 증가하면서 하루 종일 수많은 이메일을 주고받게 됐죠. 따라서 내용을 보다 간결하고 효율적으로 전달하는 것이 관건입니다. 이를 위한 하나의 방법은 글머리 기호bullet points를 사용하는 것입니다.

가독성과 간결함을 높이는 글머리 기호

글머리 기호는 항목을 나열할 때 안성맞춤입니다. 시각적인 면에서 세부적인 요소는 물론, 전체 내용을 한눈에 더 쉽게 파악할 수 있습니다. 글머리 기호를 사용하면 가독성이 높아질 뿐만 아니라 이메일 자체가 더욱 간결하고 짧아집니다. 문장 대신 단어나 구를 사용하기 때문이죠.

기호는 대시 사용하기

요즘은 대부분의 이메일 프로그램에 리스트를 중간 '점'(•) 등으로 표현할 수 있는 '글머리 기호' 메뉴가 있습니다. 하지만 때로는 수신자의 프로그램에 따라 인식이 안 될 수도 있습니다. 이를 감안해서 대시(—)를 사용하는 것도 좋습니다.

글머리 기호는 다재다능하다
글머리 기호는 이메일뿐만 아니라 보고서와 메모, 공지 등 모든 비즈니스 문서에서 유용하게 사용될 수 있다. 특히 프레젠테이션을 할 때 사용하는 파워포인트 슬라이드에서는 항목을 정리할 때 필수 아이템이다.

**병치 구조로
일관성 유지**

글머리 기호를 사용할 때 중요한 점은 병치 구조parallel structure를 준수해야 한다는 것입니다. (Day 7에서 리스트를 열거할 때 병치 구조를 쓰는 법에 대해 다시 한번 다룹니다.) 병치 구조란 리스트에 들어가는 모든 표현을 같은 품사로 시작하는 것을 말합니다. 대부분의 경우에는 동사나 명사로 시작하는데, 형용사로 시작하는 경우도 의외로 많습니다. 이해를 돕기 위해 몇 가지 간단한 예를 살펴보겠습니다.

- BMW is a popular luxury import car brand. Mercedes Benz is also popular. So is Audi.
  BMW는 인기 많은 고급 수입차 브랜드입니다. 메르세데스 벤츠 역시 인기가 많습니다. 아우디도 그렇습니다.

이 문장을 글머리 기호를 사용하면 다음과 같이 바꿀 수 있습니다. 이때 리스트에 들어가는 표현은 병치 구조를 적용해 명사로 통일합니다.

Some popular luxury import car brands are:
- BMW
- Mercedes Benz
- Audi

인기 많은 몇 가지 고급 수입차 브랜드는:
- BMW
- 메르세데스 벤츠
- 아우디

다음 문장의 경우는 동사로 시작하는 글머리 기호를 사용하면 간결하게 정리할 수 있습니다.

- We need to have a meeting with all suppliers, ask the client for more time, and revise our budget.
  우리는 모든 납품업체들과 회의를 하고, 클라이언트에게 추가 시간을 요청하고, 우리 예산을 수정해야 합니다.

We need to:
- Have a meeting with all suppliers
- Ask the client for more time
- Revise our budget

우리가 해야 할 것은:
- 모든 납품업체들과의 회의
- 클라이언트에게 추가 시간 요청
- 우리 예산 수정

1 다음 이메일 본문을 병치 구조에 맞게 글머리 기호로 된 리스트로 바꿔보세요. ▶정답 180p

Fashionable men and women in their 20s will enjoy the sleek new cellular phones from KM Electronics. These devices should also be popular with style-conscious businesspeople in their 30s and well-to-do couples in their 40s.

패션 감각 있는 20대 남녀는 KM 전자에서 새로 나온 세련된 휴대폰들을 즐길 겁니다. 이 기기들은 유행에 민감한 30대 사업가들과 부유층의 40대 부부들에게도 인기 있을 겁니다.

The new cell phones will be enjoyed by:

• Fashionable men and women in their 20s

• Style-conscious businesspeople in their 30s

• Well-to-do couples in their 40s

새로 나온 휴대폰을 즐길 사람들은 다음과 같습니다:
• 패션 감각 있는 20대 남녀
• 유행에 민감한 30대 사업가들
• 부유층의 40대 부부들

1

There are three ways to join the association. You can visit the head office and pay your dues at the membership center. Or you can log onto the association's website and pay by credit card. Finally, you can fill out the enclosed Membership Application form and mail it in with a check.

협회 가입 방법은 세 가지가 있습니다. 본사를 찾아가서 회원 센터에서 회비를 납부할 수 있습니다. 또는 협회 웹사이트에 접속해서 신용카드로 납부 가능합니다. 마지막으로 동봉된 회원 가입 신청서를 작성해서 수표와 함께 우편으로 보내면 됩니다.

_____ :

• _____

• _____

• _____

2

To get to our factory, visitors should stay on Olive Street until they reach the four-way stop by the mall. Then they should make a left onto Stevens Boulevard and continue driving for a mile or so. When they come to a split in the road by a purple warehouse, they should turn right.

우리 공장에 오려면, 방문객들은 쇼핑몰 근처에 있는 교차로가 나올 때까지 Olive가를 계속 타고 가야 합니다. 그런 다음 좌회전을 해서 Stevens대로로 진입한 후 약 1마일을 더 갑니다. 보라색 창고 근처에서 갈림길이 나오면 우회전을 해야 합니다.

--- :

• ---

• ---

• ---

3

We have found three potential sites for the next store. The first one is the Gangnam World Building near Gangnam Station. Another is the Fortune Building near Coex. The last one is the Good World Building in Insa-dong.

저희는 다음 매장이 위치할 후보 장소 세 곳을 찾았습니다. 첫 번째는 강남역 근처에 있는 강남 월드 빌딩입니다. 또 하나는 코엑스 근처에 있는 포춘 빌딩입니다. 마지막은 인사동에 있는 굿월드 빌딩입니다.

--- :

• ---

• ---

• ---

하나의 주제만
쓰기

한 주제 원칙

인터넷 서점에서 여러 권의 책을 주문할 때 가끔 발송 시기가 각각 다른 경우가 있죠? 예를 들어 책 세 권을 주문하려 하는데 A책은 24시간 이내 발송, B책은 발간 전 예약 판매이고, C책은 해외 주문으로 7일이 걸린다고 가정합시다. 내친 김에 세 권을 전부 주문하는 분이 있는 반면, 어떤 분은 세 번에 걸쳐 책을 따로 주문하기도 합니다. 전자는 모든 책이 창고에 모여야 발송될 수 있는 반면, 후자는 책마다 준비되는 대로 발송되죠.

이메일에 담을 내용도 비슷하게 적용할 수 있습니다. 세 가지 주제를 모두 이메일 하나에 넣어서 보낼 수도 있고, 각 주제마다 따로 세 개의 이메일을 각각 발송할 수도 있습니다. 전자의 경우 상대는 모든 주제에 대한 답변이 확정되어야 회신을 할 가능성이 큽니다. 이는 비효율적이죠. 따라서 이메일 하나에는 하나의 주제에 대해서만 쓰는 것이 좋습니다.

2

다음 이메일 본문의 주제를 나누어서 별도의 본문 3개를 만들어보세요.

▶정답 180p

I have some questions for you. One, which advertising agency is making the presentation next Thursday? Two, why is Jeff Park going to Russia? Isn't he on the domestic sales team? Lastly, do you know a good restaurant to take my client out to dinner? Thanks.

몇 가지 질문이 있어요. 하나, 다음 주 목요일에 어느 광고 대행사가 프레젠테이션을 하는 거죠? 둘, 왜 Jeff Park가 러시아로 가는 거죠? 그분은 국내 영업팀 소속 아닌가요? 마지막으로, 제 클라이언트에게 저녁 식사 대접할 만한 괜찮은 식당 아는 곳 있으세요? 고마워요.

1

2

3

문단 효율적으로
구성하기

**문단 짧게
구성하기**

언어를 불문하고 어떤 글이든 쓰는 것writing만큼이나 편집editing도 중요합니다. 불필요하게 반복되는 부분, 주제와 관계 없는 내용은 과감하게 생략합니다. 통상적으로 문장은 단문으로 쓰는 것이 좋고, 문단 속 문장은 2~3개로 제한하는 것이 좋습니다. 다만 격식을 차리는 이메일은 문장과 문단의 길이가 다소 길어지는 경향이 있습니다.

**주제 문장의
역할과 위치**

각 문단은 이메일 안에서 하나의 아이디어나 주제topic를 다룹니다. 문단의 개요는 주제 문장topic sentence이 제시합니다. 나머지 문장들은 이 개요에 살을 붙이는 역할을 맡는데, 근거를 제시하거나 세부적인 내용을 담습니다. 주제 문장은 문단의 첫 문장인 것이 일반적이지만 경우에 따라 끝에 올 수도 있지요.

주제 문장이 첫 문장일 때

I see three problems with this project. First of all, it's just too small. So we might not make enough profit. Second, we've never done a project like this. If we don't do it right, we'll just ruin our reputation. Finally, the project is in China. It's too far to manage.

이 프로젝트는 세 가지 문제점이 있다고 봅니다. 우선 정말 너무 작아요. 그러니 충분한 이윤을 얻지 못할 수 있습니다. 둘째로 우리는 이런 프로젝트를 해본 적이 없어요. 제대로 못하면 우리 평판만 나빠질 겁니다. 마지막으로 프로젝트는 중국에서 진행돼요. 관리하기에 너무 멉니다.

주제 문장이 마지막 문장일 때

The first person to see John that day was Mary as she was walking past his desk. She noticed that he was asleep, with his head on the desk. Then he was spotted later by Mark, who tried to rouse him to no avail. Finally, John's boss came to his desk and managed to nudge him awake. **As you can see, John is not an ideal candidate for promotion.**

그날 John을 가장 먼저 본 사람은 그의 책상을 지나가고 있던 Mary였습니다. 그가 책상 위에 머리를 얹고 자고 있는 걸 본 겁니다. 그 후 나중에 Mark도 그를 보고 깨우려 했지만 소용없었어요. 마지막으로 John의 상사가 그의 책상으로 와서 그를 쿡 찔러서 겨우 깨웠습니다. 보시다시피 John은 승진에 적합한 후보자가 아닙니다.

섹션 제목 활용하기	이메일이 길어질 때는 여러 섹션 제목^{headings}을 활용해서 관련된 문단들을 한 단위로 묶는 것도 좋습니다. (이 책 역시 동일한 방식을 사용하고 있죠.) 섹션 제목은 관련된 문단들을 그룹화해서 특정 논제에 수신자의 주의를 집중시키는 동시에, 전체적인 글의 가이드 역할을 수행합니다.

이메일이 길어질 때는 여러 섹션 제목^{headings}을 활용해서 관련된 문단들을 한 단위로 묶는 것도 좋습니다. (이 책 역시 동일한 방식을 사용하고 있죠.) 섹션 제목은 관련된 문단들을 그룹화해서 특정 논제에 수신자의 주의를 집중시키는 동시에, 전체적인 글의 가이드 역할을 수행합니다.

섹션 제목을 사용할 때는 일관성 있게 병치 구조를 유지하면 좋습니다. 같은 품사를 사용해 통일성을 주는 것이죠.

- Current Situation 현 상황
- Possible Solutions 가능한 해결책들
- Future Problems 향후 있을 문제점들

이때 같은 단어를 쓰거나 스타일을 반복해서 쓰면 더욱 의미 있는 제목을 구성해볼 수 있습니다.

- **Too** Small a Scope 너무 작은 범위
- **Too** Little Experience 너무 부족한 경험
- **Too** Hard to Manage 너무 관리하기 힘듦

파일 첨부하기

내용이 많아서 이메일이 너무 길어질 때는 별도의 문서를 작성해서 첨부하는 것도 하나의 방법입니다. 상대에게 유용하거나 필요한 문서와 파일을 첨부할 때 쓰는 표현을 상황별로 살펴보겠습니다.

상대방이 요청한 자료를 첨부할 때

- **The requested** photos of the new store **are attached**.
  요청하신 신규 매장 사진들이 **첨부됐습니다**.

- **In response to your request,** I **am attaching** our most recent price list.
  귀하의 요청으로, 당사의 최신 가격표를 **첨부합니다**.

- **Please find attached** the quote **you requested**.
  요청하신 견적서를 **첨부합니다**.

검토 및 승인을 위한 자료를 첨부할 때

- **I am attaching** our ideas for the proposal **for your review**.
  검토하실 수 있도록 제안서에 대한 저희 아이디어들을 첨부합니다.

- **Please review the attached** report **and give me your comments**.
  첨부된 보고서를 검토하시고 의견을 주시기 바랍니다.

- **Tell me what you think about the attached** design.
  첨부된 디자인을 어떻게 생각하는지 알려주세요.

참고용 자료를 첨부할 때

- **Attached is** a memo from the CEO.
  CEO의 메모가 **첨부됐습니다**.

- **I have attached** the drawings **for your files**.
  보관용으로 해당 도면을 **첨부했습니다**.

- **For your information,** the minutes **are attached** in MS Word.
  참고하시라고 MS Word로 회의록을 **첨부했습니다**.

첨부하는 파일 종류를 언급한다

첨부하는 문서나 파일의 종류를 메일에서 언급하면 수신자가 어떤 프로그램이나 앱이 필요한지 미리 파악할 수 있다. 예를 들어, 파워포인트 형태의 파일을 첨부했을 경우에는 I'm attaching the file in PowerPoint(파워포인트로 파일을 첨부합니다).라고 언급하면 된다.

DAY

04

글쓰기 전략
파악하기 1

핵심강의 04

Focus On

오늘 배울 핵심 주제입니다

간결하고 명확하게 쓰기
여러 문장 합치기

Find Out

시작하기 전에 생각해보세요.

이메일 표현은 왜 단도직입적으로 써야 좋은가
긴 문장을 나누는 이유는 무엇인가
이메일 표현은 갈수록 더 길어지는 추세인가, 짧아지는 추세인가
회사 내부 이메일에서는 한 문장으로 간단히 답해도 괜찮은가
어떤 경우에 여러 문장을 하나로 합치는 것이 효과적인가

간결하고
명확하게 쓰기

이메일을 쓰는 것보다 더 중요한 건 그 글의 편집이 아닐까 합니다. 이는 원고를 쓸 때도, 회사 보고서를 작성할 때도, 파워포인트 슬라이드를 만들 때도 마찬가지입니다. 예전처럼 타자기로 편지를 쓸 때와는 달리 이제는 내가 쓰는 단어나 문장, 문단을 생각날 때마다 수시로 바꾸거나 삭제할 수 있습니다. 그러므로 그저 생각나는 대로 이메일을 쓴 다음 '보내기' 버튼을 누르는 건 바람직하지 않습니다. 시간을 투자해서 오타를 수정하고 불필요한 부분을 생략한 후 이메일을 전송하면, 향후 혼동이나 불필요한 재확인 질문을 줄일 수 있습니다.

짧은 글이 친절한 글이다

17세기 수학자이자 철학자였던 블레즈 파스칼 역시 편지는 시간을 투자해서 써야 한다는 사실을 잘 알고 있었다. 그는 농담 삼아 이런 글을 썼다. "시간만 더 있었다면 더 짧은 편지를 썼을 겁니다."(If I had more time, I would have written a shorter letter.)

돌리지 않고
명확하게 쓰기

통상적으로 표현은 에둘러 하는 것보다는 단도직입적인 것이 좋습니다. 다시 말해 상대가 오해하거나 혼동하지 않도록 내 의도를 뚜렷하게 전달해야 합니다. 물론 표현이 너무 냉정한 느낌을 줘서는 안 되고, 권위적이거나 무례한 어조도 삼가야 하죠.

이를테면 나는 상대가 John Kim이라는 사람에게 전화했으면 합니다. 그런데 명령하는 느낌을 피하겠다고 지나치게 우회적인 표현을 쓰게 되면 실제로 전달하려는 의미가 희석되어버립니다.

- Calling John Kim **may prove advantageous** to us at this time.
  John Kim에게 전화하는 것이 현재 우리에게 **유리할지도 모릅니다.**

위의 문장에서는 may를 썼으니 전화할 가능성만 언급하고 끝나게 됩니다. 그저 의견으로 간주되기 십상이죠. 이때는 should를 써서 권고의 뜻을 담는 것이 좋습니다.

- **I think you should** call John Kim.
  John Kim에게 전화하는 **게 좋을 것 같습니다.**

윗사람에게 쓰는 메일이 아니라면 please를 사용해 더욱더 단도직입적으로 쓸 수도 있습니다.

- **Please** call John Kim.
  John Kim에게 전화하세요.

**한 스크린 안에
들어오게 쓰기**

갈수록 데이터 속도가 빨라지고 스마트폰과 태블릿 PC로 더욱 다양한 비즈니스 업무가 가능해지면서, 커뮤니케이션 수단에 포함된 내용 역시 날로 짧아지는 추세입니다. 이에 따라 가급적 이메일의 양은 PC나 노트북 스크린을 벗어나지 않고, 스마트폰 스크린에서는 스크롤scroll을 몇 번만 하면 끝나는 정도가 적당합니다. 이메일을 짧고 간결하게 만드는 방법으로는 불필요한 내용과 단어 및 구를 생략하기, 경우에 따라 글머리 기호로 리스트를 사용하기, 이메일 한 건당 한 주제만 쓰기 등이 있습니다.

긴 문장은 나누기

한국어든 영어든 긴 문장을 구사하는 것이 언어를 잘 다룬다는 증거가 아니고 멋진 것도 아닙니다. 중요한 것은 명확한 단어를 이용해서 문장을 간결하게 작성하는 것이죠. 그래야 상대방이 혼동하지 않고 내 의도도 뚜렷하게 전달됩니다. 따라서 긴 문장은 여러 개의 짧은 문장으로 나누는 것이 좋습니다.

✗ 하나의 긴 문장

> ✉   — ⬜ ✕
>
> Because our marble supplier was unfortunately unable to secure the raw materials on a timely basis, not only will the production be delayed, by extension shipping will also experience an unavoidable delay.

저희의 대리석 납품업체가 유감스럽게도 원자재를 일정에 맞추어 확보하지 못했으므로, 생산이 지연되는 것은 물론, 더 나아가 출하 역시 불가피한 지연을 겪을 것입니다.

○ 여러 개의 짧은 문장

> ✉   — ⬜ ✕
>
> Unfortunately, our marble supplier was unable to secure the raw materials on time. This will cause delay in the production and shipment.

유감스럽게도 저희의 대리석 납품업체가 제시간에 원자재를 확보하지 못했습니다. 이로 인해 생산과 출하가 지연될 것입니다.

1

다음 긴 문장을 간결하게 나누어 여러 개의 짧은 문장으로 작성해보세요. ▶정답 180p

1

Looking at the drawings, I think the windows on the first floor are quite small, as are the doors that lead to the main hall, but the windows on the top floor are too big, all of which should be changed before the final drawings are sent to the owner.

도면을 보니 1층에 있는 창문들이 꽤 작은 것 같고, 본당으로 가는 문들 역시 그렇지만, 꼭대기 층 창문들은 너무 크니, 이 모든 것은 최종 도면이 소유주에게 보내지기 전에 수정돼야 합니다.

2

I appreciate your asking me for my opinion on the San Diego project, but I don't have enough information on the scope, so I'm not sure what I can tell you except it's an important project for us.

샌디에고 프로젝트에 관해 내 의견을 물어봐서 고마운데, 범위에 대해 충분한 정보가 없어서 그게 우리에게 중요한 프로젝트라는 것 외에는 달리 뭘 말할지 모르겠어요.

3

Frank, all you have to do is simply go to the bank and ask for Charles Park, one of the loan officers there, and because I've already called him last week about it, he'll be able to assist you with the necessary paperwork.

Frank, 당신은 그저 은행으로 가서 그곳 대출 담당 직원 중 한 명인 Charles Park를 찾아가면 되고, 내가 이미 저번 주에 그것에 대해 전화해놓았기 때문에 그가 당신이 필요한 서류 작성하는 걸 도울 수 있을 겁니다.

진부하고 긴 구 간결하게 바꾸기

예전에 우편으로 편지를 보낼 때는 길고 격식을 차리는 영어 표현을 많이 썼습니다. 다소 진부하고 장황한 이런 구식 표현을 여전히 쓰는 사람들도 일부 있지만, 이제는 전반적으로 간결한 현대식 표현을 선호합니다. 몇 가지만 예로 들겠습니다.

뜻	구식 표현	현대식 표현
현재	at the present time	now
결정하다	make a decision	decide
~를 위해	for the purpose of	for
~에 관해	considering the matter of	about
~할 수 있다	be able to	can
~이지만	in spite of the fact that	although

2

아래에 나오는 장황한 구식 표현을 더 간결한 현대식 표현으로 바꿔보세요.   ▶정답 181p

보기	
used for the purpose of	used for

1 at a later date

2 each and everyone

3 in the event that

4 honest in character

5 in the near future

6 give a response

7 make a recommendation

8 at this point in time

9 at all times

10 I was unaware of the fact that

11 at an early date   --

12 round in shape   --

13 consensus of opinion   --

14 due to the fact that   --

15 repeat again   --

**때로는 한 줄
이메일도 OK**

사내에서 내부적으로 이메일을 주고받을 때는 서로 간단하게 쓰는 경우도 많습니다. 예를 들어 질문 한 줄로 된 이메일을 받으면 회신reply 기능을 이용해서 간단하게 한 줄로 답변할 수 있습니다. 다만 이런 식의 격식 없는 이메일 교환은 수신자가 해당 내용을 잘 파악하고 있는 상태이고, 나와 수신자가 서로 아주 잘 아는 사이일 때만 가능하죠. 고객이나 협력업체 등 외부와 교환하는 이메일은 이렇게 한 줄로 쓰기보다는 더욱 신중하게 작성해야 합니다.

받은 질문

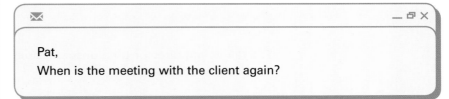

> Pat,
> When is the meeting with the client again?

Pat, 고객과의 회의가 언제라고 했지?

답변

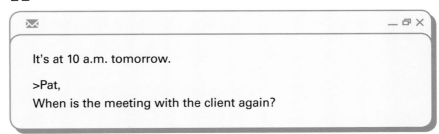

> It's at 10 a.m. tomorrow.
>
> >Pat,
> When is the meeting with the client again?

내일 오전 10시야.

>Pat, 고객과의 회의가 언제라고 했지?

여러 문장
합치기

**뭉치면 더
간결해지는 문장들**

때로는 문장을 짧게 여러 개로 나누는 대신, 오히려 여러 개의 짧은 문장을 하나로 합치는 것이 좋은 경우도 있습니다. 반복되는 단어나 구가 너무 많을 때는 불필요한 단어를 생략하면 특정 부분에 상대의 주의를 집중시킬 수 있습니다. 이렇게 하면 결과적으로 이메일이 더욱 간결해지는 효과가 있죠.

여러 문장

✉   — ⧉ ✕

The director tried to start her car. The director is young, and she is tall. The car is new. The car is owned by the company. She tried for ten minutes. However, she was unsuccessful in starting her car.

이사는 자기 차의 시동을 걸려고 했습니다. 이사는 젊고 그녀는 키가 큽니다. 차는 새 것입니다. 그 차는 회사 소유입니다. 그녀는 10분 동안 시도했습니다. 하지만 그녀는 차의 시동을 거는 데 실패했습니다.

합친 문장

✉   — ⧉ ✕

The tall young director tried unsuccessfully for ten minutes to start the new company car.

키 큰 젊은 이사는 새 회사 차에 10분 동안 시동을 걸어봤으나 소용없었습니다.

▶정답 181p

3 여러 문장으로 된 이메일 본문을 한 문장으로 합쳐서 써보세요.

1

The CEO walked onto the stage. The CEO was Korean-American. He was well-dressed. He was excited when he walked onto the stage. He spoke to the company employees. The company employees were mostly American. The company employees were receptive. The CEO spoke to the company employees for thirty minutes. When the CEO spoke to the company employees, he was enthusiastic.

CEO가 무대에 올랐습니다. CEO는 한국계 미국인이었습니다. 그는 옷을 잘 차려입었습니다. 무대에 오르면서 그는 흥분했습니다. 그는 회사 직원들에게 연설했습니다. 회사 직원들은 거의 모두 미국인이었습니다. 회사 직원들은 수용적이었습니다. CEO는 회사 직원들에게 30분 동안 연설했습니다. 회사 직원들에게 연설할 때 CEO는 열정적이었습니다.

2

The fire was devastating. While the fire spread, the main building and the new building were damaged. The cafeteria was also damaged. Hundreds of residents living near the office complex were forced to evacuate. Firefighters had to work through the night.

화재는 파괴적이었습니다. 불이 번지면서 본관과 신관이 손상되었습니다. 구내식당 역시 손상되었습니다. 회사 단지 인근에 사는 수백 명의 주민들은 대피해야 했습니다. 소방대원들은 밤새도록 작업해야 했습니다.

DAY
05

글쓰기 전략
파악하기 2

핵심강의 05

Focus On

오늘 배울 핵심 주제입니다

**쉽고 구어체적인 표현 사용하기
정중한 표현 사용하기**

Find Out

시작하기 전에 생각해보세요.

비즈니스 이메일에서 대화체를 쓰는 게 가능한가
왜 이메일에서 I와 You를 쓰는 것이 좋은가
주어로 We는 언제 쓰는 것이 유익한가
전문용어를 가능한 한 피해야 하는 이유는 무엇인가
일상적인 이메일과 그렇지 않은 이메일의 어조는 어떻게 다른가

쉽고 구어체적인
표현 사용하기

미국 현지에서 근무할 때를 시작으로 수십 년간 다양한 분야에서 수많은 이들과 영어 이메일을 주고받아 왔는데요, 시간이 흐르면서 요즘에는 비즈니스 이메일에서 쓰는 표현들도 꽤 느슨해진 걸 느낍니다. 이메일이 더욱더 일상화된 데다가 SNS에 올리는 글이 어느새 기준화된 영향도 클 겁니다.

대화체가 우세이다

서신을 보내는 수단이 우편으로 한정됐을 때는 격식을 차린 표현이 우세였습니다. 손으로 필기할 때는 물론, 타자기가 발명된 이후에도 편지를 쓰는 데 많은 공을 들였죠. 그래서인지 letter는 공식적이고 격식을 차려야 한다는 발상이 강했습니다.

하지만 이제는 지구 저편에 있는 사람에게도 전화와 메신저, 스카이프, SNS 등으로 실시간 연락이 가능해졌습니다. 그러면서 비즈니스에서 쓰는 모든 표현이 구두이든 필기이든 일상에서 쓰는 대화체로 변해가고 있습니다. 심지어 비원어민은 이해하기 어려운 구어체 표현이 자주 등장하기도 하죠. 그래도 경우에 따라 공식적인 서신이나 법률 서류 등에서는 격식을 차려야 할 때도 있습니다.

외부에 보내는 이메일

외부, 특히 고객에게 보내는 이메일은 격식을 차려야 한다고 생각할 수 있습니다만, 여기서도 마찬가지로 표현은 간결하게 쓰는 것이 좋습니다. 예를 들어 간단한 제안서를 보내면서 공식 행사 초청장에 담길 법한 표현을 쓰는 건 오버하는 느낌이 들죠. 아래 두 문장의 한국어 번역은 엇비슷하지만 힘이 다소 들어간 It is with great pleasure ...는 공식 행사 초청장에서나 어울리는 표현입니다.

> ✕ 격식 차린 표현
> · It is with great pleasure that we present our proposal, which is attached.
> 저희 제안서를 제출하게 되어서 매우 기쁘며, 제안서는 첨부되었습니다.

> ○ 대화체 표현
> · We are pleased to attach our proposal.
> 저희 제안서를 첨부하게 되어서 기쁩니다.

내부에 보내는 이메일

앞에서도 언급했듯 동료 간의 내부 이메일은 한 줄로 간단하게 쓰는 것도 가능합니다. 다른 부서 직원에게 이메일을 쓸 때 역시 대화체를 사용하죠.

✕ 격식 차린 표현
- It may be prudent for us to ascertain the opinions of our colleagues in the accounting department before any other action is taken.
  어떤 다른 행동을 취하기 전에 회계부에 있는 우리 동료들의 의견을 확인하는 것이 우리에게 현명한 일일 수도 있습니다.

○ 대화체 표현
- We should first find out what accounting thinks.
  먼저 회계부가 어떻게 생각하는지 알아보는 게 좋겠습니다.

대명사 I, you, we 사용

아무래도 대화체에서는 대명사 I와 you를 자주 사용하는 경향이 있습니다. 남발하면 눈에 거슬릴 수도 있지만 자연스런 느낌과 친근함을 줄 수 있습니다.

✕ 격식 차린 표현
- As per your request, please find attached the new spreadsheet.
  귀하의 요청에 따라, 첨부된 새로운 스프레드시트를 보십시오.

○ 대화체 표현
- I'm attaching the new spreadsheet that **you** requested.
  당신이 요청하신 새로운 스프레드시트를 첨부합니다.

내가 속한 팀이나 부서, 회사 전체를 대표할 때는 주어로 I 대신 we를 쓰기도 합니다. 특히 다소 부담되는 요청을 하거나 나쁜 소식을 전할 때는 I를 we로 바꾸면 효과적입니다.

'나'가 주어가 될 때
- **I** would like to ask for a discount.
  저는 할인을 요청하고 싶습니다.

'우리'가 주어가 될 때
- **We** would like to ask for a discount.
  우리는 할인을 요청하고 싶습니다.

▶정답 181p

1

다음 문장을 대화체로 바꿔보세요.

1 It would be quite disappointing should you not agree to the changes.
수정 사항에 동의하지 않으시면 꽤 실망스러울 겁니다.

----

2 As per our discussion yesterday, the client has been notified today that delaying the project is not possible.
어제 저희가 논의한 것처럼, 프로젝트를 지연하는 것은 가능하지 않다고 오늘 고객이 통보를 받았습니다.

----

3 It is our belief that automating the Osan factory would be wise.
오산 공장을 자동화하는 것이 현명하다는 게 저희 믿음입니다.

----

4 It would appear that it may be prudent to consider an extension on the original deadline.
원래 마감일에 대한 연장을 고려하는 것이 현명할 수도 있을 거라고 봅니다.

----

5 Those of you partial to the color green might express their opinion at this time.
초록색을 선호하는 사람들은 지금 그 의견을 표할 수 있을 듯합니다.

전문용어는 삼간다

비즈니스 이메일에서 전문용어는 되도록 사용하지 않는 것이 좋습니다. 여기서 말하는 '전문용어'는 크게 두 가지입니다. 하나는 특정 산업이나 분야에서 쓰는 특수 전문용어^{jargon}로 그쪽 전문가끼리 통하는 용어를 일컫습니다. 같은 회사에서도 부서에 따라 전문성이 다를 수 있으니 되도록 일상적인 단어를 쓰는 게 좋습니다.

마찬가지로 비즈니스 책과 언론으로부터 퍼지는 유행어, 버즈워드^{buzzword} 역시 피하는 것이 좋습니다. 한창 blue ocean(블루 오션)이니 balanced scorecard(균형성과표)이니 할 때는 이 유행어들이 지속될 것처럼 보였습니다. 그리고 여전히 언급되는 best practice(모범 경영)나 core competency(핵심 역량) 같은 표현을 쓰는 것도 수신자에게는 무슨 뜻인지 정확히 와닿지 않을 수 있으니 삼가는 것이 좋습니다.

수신자의 전문성을 고려한다

전문용어^{jargon}는 앞서 언급했듯이 되도록 피하는 것이 원칙이지만, 같은 분야에서 일하고 있다면 수신자의 전문성에 따라 이를 조정할 수 있습니다. 해당 분야에서 일하고 있는 전문가라면 배경이나 역사를 잘 알고 있을 테니 추가 설명이 따로 필요하지 않을 겁니다. 하지만 비전문가에게 보내는 이메일에서는 설명이 더 길게 들어가야 하며 단어나 표현에도 더 신경을 써야 합니다.

예를 들어 어떤 회사의 주식 가격에 대해 물을 때 회계 전문가나 주식을 아는 사람에게는 간단하게, 주식을 잘 모르는 사람에게는 풀어서 문장을 작성합니다.

수신자가 전문가일 때
- **What was the company's 52 week high for its last FY?**
  지난 회계 연도에서 그 회사의 52주 최고가가 얼마였어요?

수신자가 비전문가일 때
- **What was the company's highest share price within the 52 week period during its last financial year?**
  지난 회계 연도 동안 그 회사 주식의 52주 이내의 최고가가 얼마였습니까?

2 ➤

회사나 소속된 분야에서 사용하는 영어 특수 전문용어(jargon)가 있나요? 없다면 책이나 다른 매체에서 접한 전문용어도 괜찮습니다. 왼쪽에 해당 전문용어를 쓰고 오른쪽에 보통 사람이 이해할 만한 표현을 써보세요. ▶정답은 없으니 자유롭게 써보세요

보기	
subs	➡ subcontractors (협력업체들)

1 ------- ➡ -------

2 ------- ➡ -------

3 ------- ➡ -------

4 ------- ➡ -------

5 ------- ➡ -------

6 ------- ➡ -------

7 ------- ➡ -------

8 ------- ➡ -------

9 ------- ➡ -------

10 ------- ➡ -------

3 ▸

다음 이메일에는 음영 처리된 특수 전문용어가 여러 개 있습니다. 정의를 찾아보지 말고 맥락을 통해 어떤 뜻인지 추측해보세요.

▸정답 181p

Hi John,

I'm attaching my analysis of Kango Inc. and Cicadi International. Both are definitely cats and dogs . Look at their EBITDA and you'll see what I mean. Kango claims that they've cornered the market on OLED , but when I checked with my buddies at Casey Funds, they confirmed that Kango is exaggerating. And Cicadi claims they're making tons of money by exploiting the long tail market for music downloads. If you're considering buying these two stocks, take heed.

BTW, I will be sending you my ideas for benchmarking some of the hottest computer makers.

Cheers,

Steve

안녕하세요, John,

Kango Inc.와 Cicadi International에 대한 제 분석을 첨부합니다. 둘 다 확실히 **cats and dogs**입니다. 그 회사들의 **EBITDA**를 보면 제가 무슨 말을 하는 건지 아실 겁니다. Kango는 자신들이 **OLED** 시장을 독식하고 있다고 주장하지만, Casey Funds에 있는 친구들에게 물어보니, Kango가 과장하고 있다는 걸 확인해주더군요. 그리고 Cicadi는 음악 다운로드의 **long tail** 시장을 잘 활용해서 엄청난 돈을 벌어들이고 있다고 주장하고 있습니다. 이 두 곳의 주식을 매입할 생각이시면 주의하세요.

그건 그렇고, 잘나가는 컴퓨터 제조회사들 몇 곳을 **benchmarking**할 만한 아이디어들을 보내드리겠습니다.

Steve

정중한 표현
사용하기

**일상적일 때와
아닐 때 쓰는 표현**

일상적인 내용은 심플하게 작성한다

내부 직원이나 친한 외부 직원과 주고받는 이메일에서는 간단하고 일상적이며 호의
적인 내용이라면, 답변을 할 때 아주 짧고 캐주얼한 표현을 써도 좋습니다. 특히 긍정
적이거나 기분 좋은 반응은 완전한 문장이 아니어도 괜찮죠.

- **I'm on it.**
  바로 하겠습니다.

- **You got it.**
  그러게요. / 그렇게 하죠.

- **Sounds good.**
  좋은 생각입니다.

- **Good idea.**
  좋은 생각입니다.

- **Will do.**
  그럴게요.

일상적이지 않은 내용은 신중하게 작성한다

반면 일상적이지 않은 내용을 작성할 때는 신중한 표현과 어조가 요구됩니다. 특히
내용이 부정적일 때는 어조가 정중해지기 마련이죠.

- **We should give this issue more thought.**
  우리가 이 사안에 대해 심사숙고하는 게 좋을 듯합니다.

- **That may not be a good idea at this point.**
  현 시점에서는 좋은 생각이 아닐 수도 있습니다.

- **I'm not sure if that's possible.**
  그게 가능한지 잘 모르겠습니다.

**평상시 어조는
정중하게 유지한다**

대상이 누구든 상관없이 정중하게 작성한다

실은 상대가 상사이든 부하 직원이든 고객이든 상관 없이, 어떤 상황에서도 어조는
늘 정중한 쪽으로 맞추면 좋습니다. 상대를 질책하는 내용이거나 상대에게 압력을 넣
는 경우라도, 감정을 자제하고 거세게 비판하거나 빈정대는 어조는 피해야 합니다.

X No. 싫어요.

○ I don't think so. 그런 것 같지 않습니다.

○ I can't do that. 그렇게 할 수 없습니다.

X Don't call him anymore. 이제 그에게 전화하지 마십시오.

○ Please don't call him anymore. 이제 그에게 전화하지 마시길 바랍니다.

○ I suggest you don't call him anymore. 이제 그에게 전화하지 마시길 권합니다.

X That is just stupid. 그건 정말 바보 같아요.

○ That's not wise. 그건 현명하지 못합니다.

○ That's not such a good idea. 그건 그다지 좋은 생각이 아닙니다.

이메일에는 표정이 없다

한 가지 더 고려해야 할 것은 전화로 이야기하거나 대면해서 직접 말할 때와는 달리 이메일에는 표정이나 제스처, 어조가 없다는 점입니다. 내가 쓴 문장이 내 머릿속에서는 중립적으로 들리더라도 상대방은 내 이메일을 읽을 때 당시 감정에 따라 다르게 해석할 수도 있죠. 따라서 늘 단어와 문장을 더욱더 신중하게 선택해야 합니다. 우리가 카톡이나 문자를 보낼 때 혹시나 하는 생각에 ^^ 또는 ~의 특수문자를 덧붙이거나, '~요' 대신 '~용'을 사용하는 것과 비슷한 맥락입니다.

4

다음의 부분적인 이메일 내용에 대해 알맞은 답변을 써보세요. ▶정답 182p

1 Could you send me the report by tomorrow?
내일까지 보고서를 보내주실 수 있나요?

답변 1 그러겠다.

- -

답변 2 내일은 못 한다. 수요일에 보낼 수 있다.

- -

2   We're having lunch at Larry's Bistro.
Larry's Bistro에서 점심 먹기로 했습니다.

> 답변 1   좋다.

> 답변 2   그곳 음식은 맛없다. 다른 곳에서 먹자.

---

3   Why don't we use this opportunity to change the paper supplier?
이걸 기회로 삼아 종이 납품업체를 바꾸면 어떨까요?

> 답변 1   좋은 생각이다.

> 답변 2   안 된다. 우리는 계약이 있다.

---

4   I don't agree with John about what happened at the factory.
저는 공장에서 벌어진 일에 대해 John과 생각이 다릅니다.

> 답변 1   나도 그와는 생각이 다르다.

> 답변 2   내 생각에는 그가 맞다.

---

5   Director Kim wants you to go to China next week.
김 상무님은 당신이 다음 주에 중국에 가길 원합니다.

> 답변 1   그렇게 하겠다.

> 답변 2   난 그러고 싶지 않다. Pat Morris가 가는 게 맞는 거 같다.

DAY
06

글쓰기 전략
활용하기 1

핵심강의 06

Focus On

오늘 배울 핵심 주제입니다

명령문 피하기
능동태 사용하기

Find Out

시작하기 전에 생각해보세요.

must와 have to 대신 쓸 수 있는 조동사는 무엇인가
상사가 부하 직원에게도 Please라는 단어를 쓰는 것이 적절한가
Could you 패턴이 좋은 이유는 무엇인가
이메일에서는 왜 주로 능동태를 사용하는가
좋지 않은 소식에는 왜 수동태를 쓰는가
피해자로 보이고 싶을 때는 왜 수동태가 유용한가

명령문
피하기

must와 have to 의 문제점

조동사 must의 문제점

흔히 영어로 '해야 한다'를 생각하면 must가 제일 먼저 떠오를 겁니다. 틀린 건 아니지만 한국에서 뭔가를 '해야 한다'고 말하는 것과 영어권, 특히 북미에서 must라는 단어를 쓰는 것에는 큰 차이가 있습니다. 따지고 보면 must는 법으로 정해진 규칙이나 행정 명령에서나 용인될 만한 꽤 센 단어입니다.

그렇다면 '해야 한다'를 존댓말로 바꿔서 '하셔야 합니다'로 인식한다면 달라질까요? 영어로는 여전히 must로 번역하는 경우가 많습니다. 아래 예문에서 한국어 번역은 큰 문제가 없어 보이지만 영어로는 수신자가 기분이 상할 정도로 권위적인 표현이 됩니다. 이메일에서는 되도록 must를 사용하지 않는 편이 좋죠.

> X You **must** email the list ASAP.
> 가능한 한 빨리 리스트를 이메일로 보내셔야 합니다.

조동사 have to의 문제점

그러면 must 대신 다른 조동사인 have to를 쓴다면 어떨까요? must보다 조금 낫긴 합니다만, 명령하는 느낌은 여전히 남아 있습니다.

> X You **have to** email the list ASAP.
> 가능한 한 빨리 리스트를 이메일로 보내셔야 합니다.

정중하게 표현하기 위한 해결책

이처럼 조동사 must와 have to는 명령문에 가까운 권위적인 표현이라, 비즈니스 이메일에서 사용하기에는 적합하지 않습니다. 정중하게 표현하기 위해서는 다음과 같은 표현을 쓰면 좋습니다.

조동사 should 사용

꼭 뭔가를 권고해야 한다면 '해야 한다'로도 번역되는 또 하나의 조동사 should가 유용할 수 있습니다. 한국말로는 '해야 할 것이다' 또는 '하는 게 좋다'로 번역되기도 하는데, 권위적인 뉘앙스가 그만큼 낮아진 표현이죠.

> ○ You **should** email the list ASAP.
> 가능한 한 빨리 리스트를 이메일로 보내셔야 합니다.

감탄사 Please 사용

일상에서 please는 '부디'나 '제발'이란 뜻보다는 '~하길 바랍니다', '~해주세요'의 뜻으로 뭔가를 요청하거나 부탁할 때 자주 쓰는 단어입니다. 원어민은 매일같이 구두상으로는 물론 이메일이나 문자, 메신저 같은 필기 매체에서도 please를 습관처럼 씁니다. 상사가 부하 직원에게 뭔가를 지시할 때도 please를 문장 앞에 다는 것은 예의로 간주됩니다.

○ **Please** email the list ASAP.
가능한 한 빨리 리스트를 이메일로 보내주세요.

요청 패턴 Could you ...? 사용

뭔가를 요청하거나 부탁할 때는 Could you ...?로 시작하는 문장 패턴도 유용합니다. '~해주시겠습니까?'라는 뜻이죠. 이 패턴이 담긴 요청을 받으면 상대방은 먼저 yes/no 방식으로 답변을 해야 합니다. 요청에 응할 때는 그저 Sure!이나 You got it. 등 간단한 표현이면 족하지만, 거절할 때는 적당한 이유를 대야 합니다. 그러다 보니 뭔가를 지시할 때도 제법 효과적인 요청 패턴이죠.

○ **Could you** email the list ASAP?
가능한 한 빨리 리스트를 이메일로 보내주시겠습니까?

받을 이익 및 혜택 강조

상대방으로부터 원하거나 받아내고자 하는 것이 있을 때는 이런 방법도 있습니다. 내가 원하는 그 뭔가를 상대가 행하면 받을 수 있는 이익이나 혜택을 함께 언급하는 겁니다.

X You **must** send us the list by tomorrow so we can provide a proposal by Monday.
월요일까지 저희가 제안서를 드릴 수 있게 리스트를 내일까지 보내주셔야 합니다.

○ **If you** send us the list by tomorrow, **we can** provide a proposal by Monday.
내일까지 리스트를 보내주시면, 저희가 월요일까지 제안서를 드릴 수 있습니다.

▶정답 182p

다음의 권위적인 문장을 더 정중한 표현으로 바꿔보세요.

1 Your team must turn in the estimate by the end of the week.
당신 팀은 주말까지 견적서를 제출해야 합니다.

답변 1 should 사용

답변 2 Please 사용

답변 3 Could you 사용

----

2 You have to agree to their counterproposal.
그쪽 대안에 동의하셔야 합니다.

답변 1 should 사용

답변 2 Please 사용

답변 3 Could you 사용

----

3 You must tell us why the renovation is taking so long.
보수 공사가 왜 이렇게 오래 걸리고 있는지 말씀해주셔야 합니다.

답변 1 should 사용

답변 2 Please 사용

답변 3 Could you 사용

----

4   You have to stop coming in late.

늦게 출근하는 거 그만해야 합니다.

답변 1   should 사용

답변 2   Please 사용

답변 3   Could you 사용

----

5   Everyone must use the copy machine on the third floor.

여러분 모두 3층에 있는 복사기를 써야 합니다.

답변 1   should 사용

답변 2   Please 사용

답변 3   Could you 사용

2

다음의 권위적인 문장을 더 정중한 표현으로 바꿔보세요. ▶정답 182p

1 You must send us the payment before we can ship your order.
귀하의 주문품을 발송하기 전에 대금을 지불하셔야 합니다.

- -

2 Your team has to come to Seoul so we can discuss those issues in detail.
우리가 그 쟁점들을 자세히 논의할 수 있도록 그쪽 팀이 서울로 와야 합니다.

- -

3 Your CEO has to sign the contract if he wants us to start the project.
귀사 CEO께서 당사가 프로젝트를 시작하기 원하신다면 계약서에 서명하셔야 합니다.

- -

4 You have to understand the dilemma we're facing.
저희가 직면하고 있는 딜레마를 이해하셔야 합니다.

- -

능동태
사용하기

기본은 능동태

비즈니스 이메일을 쓸 때 문장은 기본적으로 능동태active voice를 사용하는 것이 원칙입니다. 능동태를 사용하면 여러모로 장점이 많습니다. 문장이 더 짧아지고, 이해가 더 쉬워지며, 주어가 확실하게 드러나므로 특정한 행동을 취하는 사람이 누구인지도 쉽게 파악이 가능합니다.

수동태passive voice와 능동태 문장이 어떻게 다른지 아래 예문을 통해 비교해봅시다.

수동태
- I **was given** the green light to start by the director.
  저는 이사님으로부터 시작하라고 허락을 받았습니다.

능동태
- The director **gave** me the green light to start.
  이사님이 저에게 시작하라고 허락해주셨습니다.

수동태
- The email **was sent** by Tom.
  그 이메일은 Tom이 보내왔습니다.

능동태
- Tom **sent** the email.
  Tom이 그 이메일을 보냈습니다.

수동태
- The meeting **was conducted** by the team leader.
  회의는 팀장에 의해 진행되었습니다.

능동태
- The team leader **conducted** the meeting.
  팀장이 회의를 진행했습니다.

3

다음 수동태 문장을 능동태로 바꿔보세요.

▶정답 183p

1 The employee was harassed by a customer.
그 직원은 고객에게 괴롭힘을 당했습니다.

-----

2 The presentation will be made by Darakwon's team.
프레젠테이션은 다락원 팀에 의해 진행될 겁니다.

-----

3 I am reminded of how beautiful Korea is by looking through the windshield of my car.
제 차 앞 유리를 통해 보면서 저는 한국이 얼마나 아름다운지 느낍니다.

-----

4 The decision that was reached by the executive committee was to conduct interviews in China.
임원위원회에서 나온 결정은 중국에서 면접을 진행하는 것이었습니다.

-----

5 The hard drive of the laptop computer was damaged by the sudden surge of electricity.
노트북 컴퓨터의 하드 드라이브가 갑작스런 전력 과부하로 인해 손상됐습니다.

**예외적으로
수동태를 쓰는 경우**

앞서 말했듯이 비즈니스 이메일에서는 기본적으로 능동태를 사용하는 것이 좋지만, 아래와 같은 상황에서는 의도적으로 수동태를 쓰는 것이 유리할 수 있습니다.

좋지 않은 소식을 알릴 때

수동태는 거절 등 상대방에게 좋지 않은 소식을 전할 때 특히 유용합니다.

> 능동태
> · We **didn't approve** your new proposal.
>> 저희는 귀하의 새로운 제안을 받아들이지 않았습니다.
>
> 수동태
> · Your new proposal **was not approved**.
>> 귀하의 새로운 제안이 받아들여지지 않았습니다.

책임의 주인공을 바꿀 때

특히 문장의 주어subject가 어떤 문제의 원인이나 근원이 된다면, 능동태의 목적어object를 주어로 삼아 수동태로 쓰면 좋습니다. 주어의 책임이나 잘못을 약하게 만드는 효과가 있죠.

> 능동태
> · I **didn't finish** the work on time.
>> 제가 제시간에 일을 끝내지 못했습니다.
>
> 수동태
> · The work **was not finished** on time.
>> 일이 제시간에 끝나지 않았습니다.

상대방의 책임을 축소해줄 때

반면에 수신자 쪽에서 범한 착오나 과실에 대해 언급할 때, 수동태를 쓰면 문제점만 부각시킬 수도 있습니다. 상대방을 위한 일종의 배려라고 할 수 있습니다.

> 능동태
> · You **put** a wrong item in the box.
>> 당신이 잘못된 물품을 박스에 넣었어요.
>
> 수동태
> · A wrong item **was put** in the box.
>> 잘못된 물품이 박스에 넣어졌어요.

피해자라는 점을 부각시킬 때

나 또는 다른 특정인이 피해자라는 점을 강조하고 싶을 때도 수동태가 유용합니다.
변호사들이 피해를 강조할 때 자주 쓰는 형식이죠.

능동태

- The project manager **mistreated** me.
  프로젝트 매니저가 저를 학대했습니다.

수동태

- I **was mistreated** by the project manager.
  저는 프로젝트 매니저에게 학대당했습니다.

4

이번에는 다음 능동태 문장을 수동태로 바꿔보세요.　　　　　▶정답 183p

1　I rejected the idea.
　　저는 그 아이디어를 거절했습니다.

2　I misplaced the report.
　　보고서를 잃어버렸습니다.

3　You left all the lights on in the office last night.
　　당신은 어젯밤에 사무실의 모든 불을 다 켜놨습니다.

4　The stray cat in the company parking lot scratched my leg.
　　회사 주차장에 있는 길고양이가 제 다리를 할퀴었습니다.

5　We made a mistake yesterday.
　　저희가 어제 실수를 했습니다.

DAY
07

글쓰기 전략
활용하기 2

핵심강의 07

Focus On

오늘 배울 핵심 주제입니다.

병치 구조 활용하기
나만의 이메일 표현 사전 만들기

Find Out

시작하기 전에 생각해보세요.

문장도 병치 구조 원칙을 따르는가
번호로 시작하는 리스트에도 병치 구조가 적용되는가
명사와 동사, 형용사는 각각 언제 병치 구조에서 쓸 수 있는가
상황별로 비슷한 표현을 어느 정도 암기하는 것이 좋은가
일상에서 찾은 영어 패턴은 어떻게 활용할 수 있는가

병치 구조
활용하기

Day 3에서 글머리 기호와 효율적인 병치 구조 사용에 대해 다루었습니다. 열거하는 모든 표현을 같은 품사로 시작해서 일관성을 유지하라는 것이 주요 내용이었죠. 여기서는 문장과 리스트에서 사용하는 병치 구조에 대해 집중적으로 다뤄보겠습니다.

**문장 속에서
병치 구조를 쓴다**

문장에서 여러 요소를 열거하는 경우, 병치 구조를 정확히 사용해야 합니다. 원어민들마저 간과할 수 있는 부분이기도 하죠.

예를 들어 우리 팀이 이번 주에 해야 할 일들을 이메일로 공유하려고 합니다. 이메일을 작성하기 전에 먼저 한국어로 항목을 적어봅니다.

- Sam & Harris사와 회의
- 내년 예산 확정
- Burton Supplies사에게 청구서 보내기

다음으로 이 항목을 영어로 바꿔 써봅니다.

- Meeting with Sam & Harris
- Finalize next year's budget
- Burton Supplies invoice

이제 해당 항목을 문장 속에 넣어볼 차례입니다. This week we need to …(이번 주에 우리는 ~해야 합니다)로 문장을 시작한 것까지는 좋았는데 여기서 문제가 생깁니다.

> X This week we need to meeting with Sam & Harris, finalize next year's budget, and Burton Supplies invoice.

위의 문장은 틀렸습니다. need to 다음에는 동사가 와야 하니까요. 우리가 해야 하는 세 가지 일들, 즉 '구'에 병치 구조를 적용해 수정하면 이런 문장이 나옵니다.

> ○ This week we need to **have** a meeting with Sam & Harris, **finalize** next year's budget, and **send** our invoice to Burton Supplies.
> 이번 주에 우리는 Sam & Harris사와 회의를 하고, 내년 예산을 확정하고, Burton Supplies사에게 청구서를 보내야 합니다.

여기서 몇 가지 명사를 동사로 바꾸면 문장을 더 간결하게 만들 수 있습니다.

○ This week we need to **meet** with Sam & Harris, finalize next year's budget, and **invoice** Burton Supplies.

다음처럼 질문에 대한 리스트를 세 가지로 정리한 후에 문장으로 바꿔보세요.

▶정답은 없으니 자유롭게 작성해보세요. 샘플은 183p에 있습니다.

질문

What would you like to do someday?
언젠가 무엇을 하고 싶습니까?

답변 1: 리스트로 작성

Someday I would like to: 언젠가 제가 하고 싶은 것은

• Travel the world 세계 여행을 한다

• Buy a big house in the country 시골에 큰 집을 산다

• Go to the Oscars ceremony 오스카 시상식에 간다

답변 2: 문장으로 변환

Someday I would like to travel the world, buy a big house in the country, and go to the Oscars ceremony.
언젠가는 세계 여행을 하고, 시골에 큰 집을 사고, 오스카 시상식에 가고 싶습니다.

---

1 What are some of your favorite movies?
좋아하는 영화는 어떤 것들이 있습니까?

답변 1 리스트로 작성

My _____ :

• _____

• _____

• _____

답변 2　문장으로 변환

---

2 **What do you like to do on your days off?**
쉬는 날에 무엇을 즐겨하나요?

답변 1　리스트로 작성

On my _____ :

• _____

• _____

• _____

답변 2　문장으로 변환

---

3 **What are you good at?**
잘하는 것이 무엇인가요?

답변 1　리스트로 작성

_____ :

• _____

• _____

• _____

답변 2　문장으로 변환

---

4   For tourists, what are some great places to visit in Seoul?

서울에서 관광객이 가볼 만한 장소에는 어디가 있나요?

답변 1 리스트로 작성

:
- _____
- _____
- _____

답변 2 문장으로 변환

_____

_____

5   Which do you prefer: PC or laptop computer? Why?

PC와 노트북 컴퓨터 중 어느 것을 선호하나요? 이유가 뭐죠?

답변 1 리스트로 작성

because:
- _____
- _____
- _____

답변 2 문장으로 변환

_____

_____

열거할 때도 병치 구조를 쓴다

Day 3에서 글머리 기호로 열거되는 요소들은 동일한 품사로 시작한다고 언급했습니다. 이것은 글머리 기호뿐만 아니라 번호로 열거하는 요소도 마찬가지입니다. 바로 앞에 나온 문장을 리스트로 바꾸는 것이라고 생각하면 쉽습니다.

명사와 동사, 형용사 등 품사별로 리스트를 작성하는 예를 보겠습니다.

명사 (사람이나 물체)

Please bring: 가져올 것들
1. 3-hole binder 3홀 바인더
2. Your laptop computer 자신의 노트북 컴퓨터
3. Writing instrument (e.g. pen) 필기도구 (펜 등)

동사 (취하는 행동)

For the meeting, we should: 회의를 위해 해야 할 일은
- Create an agenda 의제 만들기
- Designate a notetaker 메모할 사람 지정하기
- Limit the attendees to 5 참가자를 다섯 명으로 한정하기

형용사 (특징, 자질, 속성)

The service should target: 해당 서비스의 타깃들은
1. Busy professionals 바쁜 전문직 종사자들
2. Young business owners 젊은 사업주들
3. Upper-class college students 상류층 대학생들

나만의 이메일
표현 사전 만들기

개인 표현 사전 만들기

시중에는 제가 집필한 비즈니스 관련 책들을 포함해 다수의 영어 표현사전이 나와 있습니다. 이런 유형의 책에는 상황별로 여러 표현이 제시되어 있는데, 책에 나온 모든 표현을 암기할 필요도 없고 사용할 필요도 없습니다. 마음에 들거나 말하기 쉬운 표현을 따로 선정해서 개인 수첩에 적는 습관을 만들면 충분합니다.

이를테면 상대방이 전화해줘서 고마움을 전하는 다음과 같은 여러 표현을 책에서 봤다고 합시다. 모두 '어제 전화 주셔서 감사합니다'라는 뜻이죠.

- I appreciate your call yesterday.
- Thanks for the call yesterday.
- Thank you for calling me yesterday.

이 세 표현 중 기억하거나 말하거나 쓰기 편한 문장이 있으면 그 표현을 수첩에 적습니다. 이런 식으로 나만의 표현 사전을 만들어두면 필요할 때 활용하기도 좋고 영어 습득에도 큰 도움이 되죠.

문장에서 패턴 파악하기

패턴으로 언어를 배우고 사용하는 방식은 예전부터 매우 유용합니다. 서점에 나온 좋은 영어 패턴 책도 많지만 그 외에도 일상에서 접할 수 있는 패턴이 많이 있습니다. 마음에 드는 문장을 보면 그 속에 있는 패턴을 파악해 활용해보면 좋습니다.

예를 들어 아래 두 문장을 봤습니다.

- I really liked your report.
  당신의 보고서가 정말 마음에 들었습니다.

- I don't think calling him is a good idea.
  그 사람에게 전화 거는 건 좋은 생각 같지 않네요.

여기서 패턴으로 사용할 수 있는 부분을 찾아보면 아래와 같습니다.

- **I really liked …**
  ~가 정말 마음에 들었습니다.

- **I don't think -ing … is a good idea.**
  ~하는 건 좋은 생각 같지 않네요.

이제 수첩에 원래 문장과 함께 해당 패턴을 적습니다. 그다음에 패턴을 사용해 나만의 문장을 만들어봅니다.

원래 문장

- **I really liked your report.**
  당신의 보고서가 정말 마음에 들었습니다.

패턴 파악

- **I really liked …**
  ~가 정말 마음에 들었습니다.

나만의 문장

- **I really liked** the presentation.
  프레젠테이션이 정말 마음에 들었습니다.

원래 문장

- **I don't think calling him is a good idea.**
  그 사람에게 전화 거는 건 좋은 생각 같지 않네요.

패턴 파악

- **I don't think -ing … is a good idea.**
  ~하는 건 좋은 생각 같지 않네요.

나만의 문장

- **I don't think** start**ing** the project in the summer **is a good idea.**
  여름에 프로젝트를 시작하는 건 좋은 생각 같지 않네요.

2 다음처럼 원래 문장에서 패턴을 파악한 후 나만의 문장을 만들어보세요.

▶정답 184p

원래 문장

I'm not sure if this is a good idea. 이게 좋은 생각인지 모르겠네요.

단계 1   패턴 파악

I'm not sure ... ~인지 모르겠네요.

단계 2   나만의 문장

I'm not sure I like this color. 제가 이 색이 맘에 드는지 모르겠네요.

---

1   **Why don't you ask the supplier directly?**
납품업체에게 직접 물어보는 게 어떨까요?

단계 1   패턴 파악

단계 2   나만의 문장

---

2   **What time do you usually get to the office?**
보통 몇 시에 사무실에 도착하세요?

단계 1   패턴 파악

단계 2   나만의 문장

---

3   **To be honest, I don't know what the topic is.**
솔직히 말씀드리자면 주제가 뭔지 모르겠어요.

단계 1   패턴 파악

단계 2   나만의 문장

---

4 Playing golf with clients is not my thing.

클라이언트들과 골프 치는 건 제 취향에 맞지 않아요.

단계 1 패턴 파악

단계 2 나만의 문장

----

5 Let's just book a hotel near the airport.

그냥 공항 근처에 있는 호텔을 예약합시다.

단계 1 패턴 파악

단계 2 나만의 문장

----

6 Why don't we move onto another subject?

다른 주제로 넘어가는 게 어때요?

단계 1 패턴 파악

단계 2 나만의 문장

----

7 Do you mind if I asked you a question?

뭐 좀 하나 물어봐도 될까요?

단계 1 패턴 파악

단계 2 나만의 문장

DAY

08

글쓰기 전략
활용하기 3

핵심강의 08

Focus On

오늘 배울 핵심 주제입니다

연결어 활용하기
문법 확인하기

Find Out

시작하기 전에 생각해보세요.

연결어의 목적은 무엇인가
연결어의 종류에는 어떤 것이 있는가
구어체식 문법과 전통 문법의 다른 점은 무엇인가
반드시 지켜야 할 기본 문법에는 어떤 것이 있는가

연결어 활용하기

연결어의 역할과 범위

어떤 글이든 푯말 역할을 하는 연결어transitional words는 읽는 이를 안내하고 이해를 돕는 역할을 하며, 혹시라도 생길 수 있는 혼란을 줄여줍니다. 연결어를 쓰면 글의 흐름도 뚜렷해지고 부드러워집니다. 따라서 연결어는 이메일에서도 필수 요소죠.

연결어의 목적은 말 그대로 '연결'입니다. 문장에서 단어와 구를 연결해줄 뿐만 아니라 문장과 문단까지 모두 연결해주는 팔방미인이죠. 연결어가 없을 때와 있을 때를 비교하는 아래 글을 보면 연결어의 장점이 한눈에 바로 들어올 겁니다.

연결어가 없을 때

> A difference between John and Steve is that they have dissimilar management styles. John likes delegating tasks. He says he has good reasons for this. He has three separate teams reporting to him. He lets the team leaders handle the details. Delegating allows him to nurture future managers. Steve prefers working hand in hand with his staff. He enjoys being on the front lines.

연결어를 사용했을 때

> **Another** difference between John and Steve is that they have dissimilar management styles. **For example,** John likes delegating tasks. He says he has good reasons for this. **First of all,** he has three separate teams reporting to him, **so** he lets the team leaders handle the details. Delegating **also** allows him to nurture future managers. Steve, **on the other hand**, prefers working hand in hand with his staff **because** he enjoys being on the front lines.

John과 Steve의 **또** 다른 차이점은 경영 스타일이 다르다는 것입니다. **예를 들어,** John은 임무를 위임하는 것을 좋아합니다. 그에게는 그럴 만한 이유가 충분히 있다고 합니다. **우선** 별개의 세 팀이 그에게 보고하기 **때문에** 그는 팀장들이 세부적인 사항을 처리하게 합니다. **게다가** 일을 위임함으로써 미래의 관리자들을 육성할 수 있게 해주기도 하죠. **반면에** Steve는 직원들과 직접 호흡을 맞추면서 일하는 것을 선호합니다. 최전선에 있는 것을 즐기기 **때문**이죠.

| 다양한 | 수많은 연결어 중에서 비즈니스 문서와 이메일에서 가장 흔히 볼 수 있는 연결어를 |
| 연결어 종류 | 종류별로 한번 살펴보겠습니다. |

종류	연결어 예시	
첨가	• and 그리고 • in addition 게다가 • too ~도 (또한) • on top of that 더욱이	• also 또한 • moreover 게다가 • besides 게다가 • what's more 더욱이, 게다가
대조	• but 그러나 • still 그럼에도 불구하고 • in contrast 그에 반해서 • though ~이긴 하지만 • while ~인 반면에	• however 그러나 • yet 그렇지만 • despite ~임에도 불구하고 • although ~이긴 하지만 • on the other hand 반면에
비교	• similarly 비슷하게, 유사하게 • likewise 비슷하게, 유사하게	• in the same way 그와 같이
결과	• so 그래서 • thus 따라서 • as a result 결과적으로 • because 왜냐하면	• therefore 그래서 • that's why 그렇기 때문에 • consequently 그 결과 • due to ~때문에
순서	• first (of all) 첫째로, 먼저, 우선 • then 그다음으로 • finally 마지막으로	• next 다음으로 • after that 그 후 • when that's done 그 일이 끝나면
요약	• to summarize 요약하면	• in summary 요약하면
예시	• for example 예를 들면 • an example (be) 예로	• for instance 예를 들면 • such as 예를 들어, ~와 같은
강조	• especially 특히 • best of all 특히, 무엇보다도	• in particular 특히 • in fact 실은, 실제로는
참조	• above 위에서, 앞에서 • following 다음에서 • as I said 말했듯이 • as we discussed earlier 　앞서 논의했듯이	• below 아래에서 • again 다시 • as I mentioned 언급했듯이

1 다음 이메일에서 필요하다고 생각하는 부분에 적절한 연결어를 추가해서 글의 흐름을 더욱 뚜렷하게 만들어보세요.

▶정답 184p

I'm writing in response to your email on Monday.

Your wanting to fire the current ad agency is understandable. I think we should reconsider it. APP Associates has made some mistakes in the past. You would have to agree that it's still one of the best in the business. It has consistently won major awards. It got the coveted Bobo Award just last week. The CEO is a nice guy.

I doubt we'll find a better agency any time soon. I suggest we keep our current agency. I do believe we can ask them to make those changes you've suggested. I'll give them a call tomorrow.

당신의 월요일 이메일에 답변하려고 이 글을 씁니다.

당신이 현 광고 기획사를 해고하길 원하는 건 이해가 갑니다. 우리가 재고하는 것이 좋을 듯합니다. APP Associates는 과거에 실수를 저질렀습니다. 여전히 해당 업계에서 최고 중 한 곳이라는 건 동의하실 겁니다. 그 회사는 주요 상을 지속적으로 수상해왔습니다. 지난주만 하더라도 누구나 탐내는 Bobo상을 받았잖아요. CEO는 사람이 참 좋습니다.

우리가 금방 더 나은 기획사를 찾을 것 같지는 않습니다. 현 기획사를 유지하기를 권합니다. 당신이 제의한 변경사항들을 실행하라고 그쪽에 요청할 수 있다고 봅니다. 내일 그쪽에 전화해볼게요.

문법
확인하기

구어체식 문법을 사용한다

가면 갈수록 일상에서 쓰는 이메일은 물론, 비즈니스 이메일에서 쓰는 언어도 캐주얼해지고 있습니다. 우편으로만 서신이 가능했던 예전에는 너무 구어체적이라고 느낄 법한 표현도 이제는 비즈니스에서 용인되는 추세입니다. 간단하게 글을 써서 올릴 수 있는 SNS 확산과 쉽게 주고받을 수 있는 문자와 메신저 서비스도 이 경향을 가속화시키는 데 한몫하고 있죠. 그렇다고 해서 문법 자체를 완전히 무시하라는 이야기는 아니지만, 비즈니스 이메일에서도 많이 쓰는 구어체식 문법은 다음과 같습니다.

접속사로 문장을 시작한다

최근 영어권에서는 학문지나 논문, 국제 기구 문서 등을 제외하면 잡지도, 대학 지원 에세이도, 비즈니스 이메일도 언어가 비교적 느슨해지고 있습니다. 예를 들어 예전에는 영문법 선생님들에게 야단 맞기 딱 좋은 것 중 하나가 And와 But, Because 같은 접속사conjunction로 문장을 시작하는 거였죠. 하지만 최근에는 원어민들도 접속사로 문장을 시작하는 경우가 종종 있습니다.

예를 들어, 한 회사의 이사들 국적을 비교하는 문장을 보겠습니다.

전통 문법
- Most of our directors are from Korea. Some of the directors, however, are from the United States and Europe.
  당사 이사님들 대부분은 한국에서 오셨습니다. 그런데 이사들 중 일부는 미국과 유럽 출신입니다.

구어체식 문법
- Most of our directors are from Korea. **But** some are from the U.S. and Europe.
  당사 이사님들 대부분은 한국에서 오셨습니다. 그런데 일부는 미국과 유럽 출신입니다.

전치사로 문장을 마무리한다

얼마 전까지만 해도 문장을 in, at, by, for, on, from 같은 전치사preposition로 끝내는 것 역시 영문법 선생님들을 당황하게 했습니다. 여전히 이것을 못마땅해하는 원칙주의자들도 있습니다만, 오히려 전치사로 끝내지 않으면 어색한 문장이 나오기 일쑤입니다.

전통 문법
- Go back to **from** where you started.
  당신이 시작한 곳으로 다시 돌아가세요.

구어체식 문법
- Go back to where you started **from**.
  당신이 시작한 곳으로 다시 돌아가세요.

**미완성 문장도
괜찮다**

구어체식 문법을 쓸지라도 불완전 문장incomplete sentence은 통상적으로 피하는 것이 좋습니다. 하지만 관용구로 여겨지는 짧은 불완전 문장은 친근감도 있고, 때로는 내 감정을 전하기에 더할 나위 없을 때가 있습니다. 긍정적인 표현과 부정적인 표현 둘 다 이렇게 불완전 문장으로 쓰는 게 가능하죠.

긍정적인 의미의 불완전 문장
- Can't wait. 기대돼.
- No way! 정말이야?
- Nice! 멋지다!
- Looks great. 멋지네.
- Way to go! 잘했어!

부정적인 의미의 불완전 문장
- Hardly ever. 거의 안 그래.
- No way. 절대 안 돼.
- Can't do it. 그거 못 해.
- Not cool. 그건 잘못됐어.
- Never. 절대 안 해.

**기본 문법은
필수이다**

아무리 구어체식으로 이메일을 쓴다고 해도 기본적인 문법은 지켜야 합니다. Day 1에서 언급한 단골 문법 오류 4가지인 수의 일치subject-verb agreement, 동사 시제verb tense, 관사article, 전치사preposition가 꼭 지켜야 할 기본적인 문법 사항에 해당합니다. 이 부분을 조금 더 섬세하게 들여다보면서 연습해보겠습니다.

수의 일치
연습하기

주어가 단수일 때는 단수 동사, 복수일 때는 복수 동사를 사용해야 합니다. 문장이 긴 경우에는 더욱 주의해서 주어에 맞는 동사를 사용해야 하죠. 주어에 맞춰 알맞은 동사를 쓰는 법을 연습해봅시다.

2

다음 문장에서 수의 일치가 틀린 부분을 수정하세요.　　　　▶정답 184p
(수정이 필요 없는 문장도 있습니다.)

1　The idea behind the workshop exercises were to develop sales skills.
　　워크숍 훈련의 목적은 영업 능력을 향상시키는 것이었습니다.

2　Most employees don't likes the new policy.
　　대부분의 직원들은 새로운 지침을 좋아하지 않습니다.

3　A group of managers are going over to the store.
　　한 무리의 매니저들이 가게로 갈 겁니다.

4　Joe and John are on the same team.
　　Joe와 John은 같은 팀에 있습니다.

5　You was here, and I was there.
　　당신은 여기 있었고 나는 저기 있었잖아요.

6　Can you ask Linda to brings the report?
　　Linda에게 보고서를 가져오라고 할 수 있나요?

7　You should listen to what the client say.
　　고객이 하는 말을 듣는 것이 좋습니다.

8　Patrick and Steve is a good friend.
　　Patrick과 Steve는 좋은 친구들입니다.

9　You should buy what Anna buy.
　　당신도 Anna가 사는 걸 사는 게 좋습니다.

10　The candidates were so happy.
　　지원자들이 정말 기뻐했어요.

**동사 시제
연습하기**

이메일에서 시제를 잘못 쓰면 혼동을 불러일으킬 수 있습니다. 시제에 맞게 과거형, 현재형, 미래형 동사를 알맞게 사용하는 연습을 해봅시다.

다음 문장에서 시제가 틀린 부분을 수정하세요.
(수정이 필요 없는 문장도 있습니다.)

▶정답 185p

1 We go to their office tomorrow.
내일 우리는 그쪽 사무실에 갈 겁니다.

2 Last night I dream we got the project.
어젯밤에 우리가 프로젝트를 따내는 꿈을 꿨습니다.

3 A few people come in to work late today.
몇 명은 오늘 늦게 출근했습니다.

4 The meeting end early last time.
지난번에 회의가 일찍 끝났습니다.

5 I don't like coming to the office on the weekends.
저는 주말에 사무실에 오는 것을 좋아하지 않습니다.

6 She can't finish the proposal on time.
그녀는 제안서를 제시간에 끝내지 못했어요.

7 We have to go to work yesterday.
저희는 어제 출근해야 했습니다.

8 Are you coming with us tomorrow?
내일 우리와 함께 갈 겁니까?

9 When you're finished with that, you can work on the presentation.
그걸 끝내면 프레젠테이션을 준비해도 됩니다.

10 I want to go for a walk after lunch, but I was too tired.
점심 식사 후 산책하러 가고 싶었지만, 너무 피곤했어요.

관사 연습하기

명사 앞에는 상황에 맞게 적절한 관사를 붙여야 합니다. 아예 관사가 필요 없는 경우도 있죠. 관사는 한국어에는 없는 요소라 익숙해지려면 꾸준한 연습이 필요합니다. 정관사(the)와 부정관사(a, an)를 제대로 쓰는 법을 연습해 봅시다.

▶정답 185p

4

다음 문장에서 a, an, the 중에 적절한 관사로 빈칸을 채우세요.
(관사가 필요 없는 곳에는 X표시 하세요.)

1 Can I get _____ report by tomorrow?
내일까지 보고서 받을 수 있을까요?

2 _____ convention center near our office is pretty old.
우리 사무실 근처에 있는 컨벤션 센터는 꽤 낡았습니다.

3 My boss speaks _____ Japanese.
제 상사는 일본말을 할 줄 아십니다.

4 I borrowed _____ business-related book from the company library.
회사 도서관에서 경영 관련 책을 빌렸습니다.

5 _____ consultant is not coming in today.
컨설턴트는 오늘 안 오십니다.

6 Pat loves playing _____ baseball after work.
Pat은 퇴근 후 야구를 하는 걸 정말 좋아합니다.

7 I forgot to bring _____ ticket for the event tonight.
오늘 밤 이벤트의 티켓을 잊어버리고 안 가져왔네요.

8 Do you play _____ piano?
피아노 칠 줄 아세요?

9 Is that _____ laptop you bought yesterday?
그게 어제 구입한 노트북 컴퓨터인가요?

10 The factory is in _____ Changwon.
공장은 창원에 있습니다.

전치사 연습하기

영어에는 시간과 장소, 기간을 나타내는 다양한 전치사가 존재합니다. 우선 비즈니스 이메일에서 많이 사용하는 전치사를 종류별로 한번 살펴보겠습니다.

시간 전치사

시간대	전치사	예시
(요일)에	on	· **on** Monday 월요일에 · **on** Tuesday 화요일에
(특정 날짜)에	on	· **on** December 3 12월 3일에 · **on** December 3, 2022 2022년 12월 3일에
(하루 중 시간)에	at	· **at** 3 p.m. 오후 3시에 · **at** noon 정오에 · **at** night 밤에
(하루의 일부, 월, 년, 계절)에	in	· **in** the morning 오전에 · **in** the afternoon 오후에 · **in** the evening 저녁에 · **in** December 12월에 · **in** 2025 2025년에 · **in** winter 겨울에

장소 전치사

공간	전치사	예시
(장소 자체)에	in	· **in** the room 방에 · **in** the office 사무실에
(담긴 것) 속에, 내부에	inside	· **inside** the box 상자 속에 · **inside** the building 빌딩 내부에
(표면) 위에	on	· **on** the table 테이블 위에 · **on** the roof 지붕 위에
(근처)에, 에서	at	· **at** the office 사무실에서 · **at** the train station 기차역에서 · **at** the corner 길모퉁이에서

기간 전치사

기간	전치사	예시
(특정 시점) 이후, 부터	since	• **since** 2 p.m. 오후 2시부터 • **since** yesterday 어제부터 • **since** last week 지난주부터
(시간, 기간) 동안	for	• **for** two hours 두 시간 동안 • **for** ten days 열흘 동안 • **for** three months 석 달 동안
(늦어도 시점)까지	by	• **by** 2 p.m. 오후 2시까지 • **by** tomorrow 내일까지 • **by** next week 다음 주까지
～부터 ～까지	from – to	• **from** 2 p.m. **to** 5 p.m. 오후 2시부터 5시까지 • **from** January **to** March 1월부터 3월까지 • **from** 2020 **to** 2022 2020년부터 2022년까지
～부터 ～까지*	from – until	• **from** 9 a.m. **until** lunch time 오전 9시부터 점심시간까지 • **from** next week **until** the end of the year 다음 주부터 연말까지 • **from** spring **until** fall 봄부터 가을까지
(기간) 동안	during	• **during** the morning 오전 동안 • **during** the week 일주일 동안 • **during** the year 일 년 동안
(기간) 안에	within	• **within** two hours 두 시간 안에 • **within** the week 금주 안에 • **within** the year 연내에

*특정 활동이 끝나는 시간이나 날짜를 강조할 때 until을 씁니다.

▶정답 185p

5 아래에 다수의 전치사가 들어가는 두 회사 동료에 관한 짧은 스토리가 있습니다. 적절한 전치사로 빈칸을 채워보세요.

_____ Tuesday, John got up early _____ the morning _____ 6 a.m. He was at work _____ 8:45 a.m. Later _____ the day, he began to feel tired because he had woken up too early. _____ late afternoon, he was nodding off _____ his desk _____ his small cubicle. Soon his head was _____ the desk, and he was fast asleep.

"Hey, get up," someone said. John opened his eyes to see Steve, his co-worker, standing over him.

"Wow," John said. "I must have slept _____ about 30 minutes."

"What have you been doing _____ night, anyway?" asked Steve, handing him a hot cup of coffee.

John yawned. "I was playing video games all night, _____ probably midnight _____ I got really sleepy, which was 4 a.m., I think. I woke up _____ 6, though."

"Two hours of sleep, eh?" Steve shook his head. "Hey, what are you going to do _____ the upcoming three-day weekend?

"I don't know," said John, and sipped his coffee. "I'll probably stay cooped up _____ my house all weekend."

"My boy," Steve said. "You've been no fun _____ last year, when you broke up with your girlfriend. It's time for you to have some fun."

So John agreed to go with Steve on a backpacking trip to Mt. Hood _____ December 5 and travel _____ two days.

화요일에 John은 오전 6시에 아침 일찍 일어났다. 그는 오전 8시 45분에 출근했다. 너무 일찍 일어난 탓에 그날 오후에는 피곤해지기 시작했다. 늦은 오후에 그는 칸막이를 한 자기 공간 안 책상에서 졸고 있었다. 금방 머리는 책상 위에 떨어졌고 그는 곤히 잠이 들었다.

"어이, 일어나." 누군가 말했다. 눈을 뜬 John은 동료인 Steve가 자기를 서서 지켜보는 걸 보았다.

John이 말했다. "와, 약 30분 동안 잠을 잤나 봐."

"그런데 밤에 도대체 뭘 하는 건데?" Steve가 따뜻한 커피를 건네며 물었다.

John은 하품을 했다. "밤새도록 비디오게임 했어. 아마 자정부터 완전 졸릴 때까지, 새벽 4시였던 것 같아. 그래도 6시에 일어났어."

"2시간 잤구나, 응?" Steve는 고개를 흔들었다. "아, 이번 3일 연휴 때 뭐 할 예정이야?"

"모르겠는데." 커피를 홀짝거리며 John이 말했다. "연휴 내내 집콕할 거 같은데."

"이 양반아." Steve가 말했다. "너 작년부터 재미가 없어졌어, 여친과 헤어진 다음부터 말이야. 이제 좀 즐길 때 됐잖아."

그래서 John은 12월 5일에 Steve와 같이 후드산으로 배낭여행을 가서 이틀 동안 여행하기로 약속했다.

DAY
09

글쓰기 규칙
익히기 1

핵심강의 09

Focus On

오늘 배울 핵심 주제입니다

문장부호 사용법
인용부호와 이탤릭체 사용법

Find Out

시작하기 전에 생각해보세요.

영어식 마침표와 물음표 사용은 한국식과 어떻게 다른가
문장 속에서 항목을 열거할 때 콤마를 쓰는 규칙은 무엇인가
접두사나 접미사를 명사나 형용사와 연결하는 문장부호는 무엇인가
-s로 끝나는 복수명사에도 끝에 아포스트로피와 s가 붙는가
책 제목은 인용부호와 이탤릭체 중 무엇으로 처리하는가

문장부호
사용법

당연한 말이지만 문서에는 억양이나 음 높이, 음량, 멈춤 등이 담길 수 없습니다. 그런 역할을 문장부호punctuation marks가 엇비슷하게 수행합니다. 문장부호를 잘 쓰면 상대가 글을 읽었을 때 이해하기가 그만큼 더 순조로워집니다. 영어 이메일에서 자주 사용하는 문장부호가 무엇인지 알아보고 알맞게 쓰는 법을 익혀봅시다.

마침표(.)와 물음표(?)

마침표period와 물음표question mark 쓰는 규칙은 한국어와 마찬가지라서 크게 어렵지 않습니다. 신경 써야 할 부분은 Nov. 같은 날짜나 a.m. 같은 시간 등의 약자abbreviation 끝에 마침표가 들어가는 경우입니다. (참고로 Day 10에서도 다시 한번 언급하겠지만, 월은 되도록 약자 대신 철자 그대로 쓸 것을 권합니다.)

- Director Lawson's retirement party is on Nov. 22.
  Lawson 이사님의 퇴임 파티는 11월 22일에 있습니다.

- Please arrive at the meeting no later than 10 a.m.
  회의에 늦어도 오전 10시까지는 도착해주시길 바랍니다.

느낌표(!)

기본적으로 느낌표exclamation mark는 이메일을 포함한 모든 비즈니스 문서에서 피하는 것이 원칙입니다. 다만 격식을 갖추는 이메일이 아니라면 때로는 사용해도 좋습니다. 뜻밖에 놀란 감정을 표현할 때, 간단하게 감사를 표할 때, 좋은 소식을 접했거나 전달할 때는 느낌표가 효과적입니다.

- Thanks, Frank! 고마워요, Frank!
- That's great! 정말 잘됐네요!
- Nice! 멋져요!
- Congratulations! 축하해요!
- Fantastic! 환상적이군요!

콤마(,)

문장 속 항목을 열거한다
한국어 문장과는 달리 영어 문장에서는 세 개 이상의 항목을 열거할 때 각 항목 뒤에 콤마comma를 넣고, 마지막 항목 앞에는 and가 꼭 들어갑니다. 다른 기준standard으로 and 앞에 콤마를 생략하는 방식도 있는데, 이렇게 콤마 없이 써도 좋습니다.

기준 1 (and 앞에 콤마 있음)

- I like spaghetti, pizza, **and** lasagna.
  전 스파게티, 피자, 그리고 라자냐를 좋아합니다.

- Our division plans to add more staff, move to a bigger office, **and** change its name.
  우리 부서는 직원을 늘리고, 더 큰 사무실로 옮기고, 그리고 명칭도 바꿀 계획입니다.

기준 2 (and 앞에 콤마 없음)

- I like spaghetti, pizza **and** lasagna.

- Our division plans to add more staff, move to a bigger office **and** change its name.

2개의 주절을 연결한다

콤마는 두 개의 주절independent clause을 연결하는 역할도 합니다. 첫 번째 절 뒤에는 콤마가 붙고, 그 뒤에는 and, so, but, or 등 등위접속사coordinating conjunction와 함께 두 번째 절이 옵니다.

- I asked John about it, **and** he also agrees.
  그거에 대해 John에게 물어봤는데, 그도 동의합니다.

- George is unable to go, **so** you need to go in his place.
  George가 못 가게 됐기 때문에 당신이 대신 가야 합니다.

- I understand your concern, **but** we have no choice.
  당신의 우려는 이해하지만, 우리는 선택의 여지가 없어요.

- The project has to start next week, **or** we won't be able to finish on time.
  프로젝트는 다음 주에 시작해야만 합니다. 아니면 제시간에 끝낼 수 없어요.

여러 형용사를 나열한다

여러 형용사로 같은 명사를 동등하게 수식할 때도 콤마를 씁니다.

- I'm talking about the **tall, weird, funny** vice president.
  키 크고 특이하고 웃긴 그 부사장을 말하는 겁니다.

- The new model has a **sleek, stylish** design.
  새로운 모델은 매끄럽고 우아한 디자인을 지녔습니다.

호칭 뒤나 앞에 온다

이메일에서 상대방의 호칭을 쓸 때는 호칭 바로 뒤에 콤마를 붙인 후 할 말을 적습니다. 아니면 할 말을 먼저 적고 콤마를 붙인 다음 호칭을 써도 됩니다.

- **Jane,** I'm really impressed with your report.
  Jane, 당신의 보고서에 정말 감탄했습니다.

- You have my thanks, **guys**.
  고마워요, 여러분.

괄호 역할을 한다

문장 속에 끼워 넣는 삽입구적parenthetic 표현이나 비제한적nonrestrictive 표현 앞과 뒤에도 콤마를 넣습니다. 일종의 괄호parentheses 역할을 하는 셈이죠.

- The presentation was, **as you know,** a little long.
  프레젠테이션은 아시다시피 좀 길었습니다.

- It was Robert Harris, **their CEO,** who rejected the proposal.
  제안을 거절한 사람은 그쪽 CEO인 Robert Harris였습니다.

감탄사 뒤에 쓴다

Yes나 No, Hey, Wow 같은 감탄사로 문장을 시작하면 그 뒤에 콤마를 넣습니다.

- **Yes,** we can do that.
  네, 그렇게 할 수 있습니다.

- **Wow,** what Steve said during lunch was quite surprising.
  와, 점심 식사 때 Steve가 한 말은 정말 놀라웠어요.

종속절이나 전치사구 뒤에 쓴다

종속절subordinating clause이나 다소 긴 전치사구prepositional phrase가 문장 앞에 나오면 그 뒤에 콤마를 씁니다.

- **When we get the samples,** let's get together and talk about them.
  견본을 받으면, 만나서 그거에 대해 얘기합시다.

- **At the beginning of the phone call,** I thought Mary was upset about something.
  통화를 시작할 때, 전 Mary가 뭔가에 대해 화나 있는 줄 알았어요.

인사말과 결구에서 쓴다

Day 2에서도 언급했듯이, 이메일 인사말^{salutation}과 결구^{complimentary close}에서도 끝에 콤마를 씁니다. 참고로 영국식 영어를 쓰는 국가에서는 콤마를 생략하고 쓰는 경우가 많습니다.

- Dear Harry,
- Hi Beth,
- Sincerely,
- Regards,

다음 문장의 적절한 곳에 콤마를 넣어보세요.   ▶ 정답 186p

1   I think that date is okay but I need to check with my team.
날짜가 괜찮은 것 같긴 한데 제 팀에게 확인해야 합니다.

2   We're not sure yet so let's not tell the client for now.
아직 잘 모르니까 클라이언트에게는 일단 말하지 맙시다.

3   Their reps came to the office discussed the schedule and agreed to work with us.
그쪽 대표들이 사무실로 와서 일정을 논의했고 우리와 함께 일하기로 동의했습니다.

4   I prefer the brighter fancier floor tiles.
저는 더 환하고 더 화려한 바닥 타일들을 선호합니다.

5   You're a great help John.
당신은 아주 많은 도움이 됩니다, John.

6   Dean Kitt the VP from Carlson Books wants to talk to you.
Carlson 서적 부사장인 Dean Kitt가 당신과 얘기하고 싶다는군요.

7   If you want we could redo the samples.
원하신다면 저희는 견본을 다시 만들 수 있습니다.

8   No I doubt that's true.
아니요, 그건 사실이 아니라고 봅니다.

콜론(:)

콜론colon은 리스트를 열거할 때 필수적인 문장부호입니다.

- **The three possible cities are: Daejeon, Daegu, and Gwangju.**
  가능한 도시 세 곳은: 대전, 대구, 그리고 광주.

- **Here are my thoughts:**
  제 생각들입니다:

괄호( )

한국어로도 영어로도 괄호parentheses는 간단하게 추가 설명이나 해석을 달 때 씁니다. 단, 영어권에서는 괄호의 위치가 한국과 살짝 다릅니다. 한국어에서는 일반적으로 설명이 필요한 해당 단어나 구 뒤에 공백 없이 괄호가 들어가는 반면, 영어에서는 공백을 한 칸 둔 다음 괄호를 쓰죠.

한국식 표현
- **EPS**(주당순이익)를 한번 보고 싶습니다.
- 결과는 예상보다 더 좋았습니다(첨부된 파일 참고).

영어식 표현
- **I want to take a look at the EPS (earnings per share).**
- **The results were better than expected (see attached file).**

문장 전체를 괄호 안에 넣을 때는 마침표가 괄호 안으로 들어갑니다.

- **The boxes were inspected. (This is completely normal there.)**
  박스들은 검사를 받았습니다. (이건 그곳에서는 지극히 정상적입니다.)

하이픈(-)

하이픈hyphen은 비슷하게 생긴 대시(—)보다 짧은 모양의 기호(-)입니다. 모양이 서로 비슷해서 잘못 쓰지 않게 주의해야 하죠. 하이픈은 주로 낱말과 낱말을 연결해서 하나의 뜻을 만드는 역할을 하는데, 구체적인 쓰임은 다음과 같습니다.

접두사나 접미사를 연결한다

접두사prefix나 접미사suffix를 명사나 형용사와 연결할 때 하이픈을 씁니다.

- **ex-CEO** 전 CEO
- **self-esteem** 자부심
- **pollution-free** 무공해
- **all-expenses-paid** 경비가 전액 지급되는
- **restaurant-like** 레스토랑 같은
- **director-elect** 이사 당선자

접두사를 고유형용사proper adjective와 연결하기도 합니다.

- **pan-Asian** 범아시아의
- **inter-Korean** 남북 간의
- **pro-European** 친유럽의

복합형용사를 만든다

두 단어 이상을 합쳐 만든 복합형용사compound adjective를 만들 때도 하이픈이 유용하죠. 개인 취향에 따라 하이픈 없이 쓰기도 하는데, 그렇게 써도 큰 무리는 없습니다.

- **company-owned automobiles** 회사 소유 자동차들
- **a problem-solving workshop** 문제 해결 워크숍
- **award-winning design** 상을 받은 디자인
- **30-year-old director** 30세의 이사
- **a ten-million-dollar project** 천만 달러짜리 프로젝트

하나의 뜻을 나타낸다

하이픈을 사용해 두 단어를 합치면 하나의 뜻을 이루기도 합니다.

- **Korean-American** 한국계 미국인
- **design-build** 디자인 및 시공
- **import-export** 수출입, 무역

숫자 및 분수에 쓴다

숫자 21부터 99를 철자로 표현할 때도 하이픈을 씁니다. 분수fraction를 철자로 쓸 때 역시 하이픈이 들어가죠. (분수 표기하는 법은 113페이지를 참고하세요.)

- thirty-six 36
- ninety-two 92
- one-fourth 1/4
- two-thirds 2/3

아포스트로피(')

소유격을 만든다

아포스트로피apostrophe는 소유격possessive 부호로 아주 중요한 역할을 담당합니다. 우선 소유격을 만들 때 명사 뒤에 아포스트로피와 s가 붙는 경우부터 보겠습니다. -s로 끝나지 않는 단수명사singular noun와 복수명사plural noun, 그리고 somebody 같은 부정대명사indefinite pronoun가 여기에 해당합니다.

- Janet Lee's presentation Janet Lee의 프레젠테이션
- the director's ideas 이사님의 아이디어들
- people's choice 사람들의 선택
- our team's turn 우리 팀의 차례
- somebody's salary 누군가의 월급

그렇다면 -s로 끝나는 단수명사는 어떨까요? 이 경우에도 명사 뒤에 아포스트로피와 s를 붙입니다.

- Joan Harris's office Joan Harris의 사무실
- Chris's business trip Chris의 출장

다만 실재했거나 전설적인 고대 인물의 이름은 -s로 끝나도 s 없이 아포스트로피만 붙입니다.

- Jesus' life 예수의 삶
- Achilles' heel 아킬레스의 발뒤꿈치(아킬레스건)

-s로 끝나는 복수명사에도 아포스트로피만 붙입니다.

- **managers' bonuses** 매니저들의 보너스
- **employees' complaints** 직원들의 불만 사항들

두 개 이상의 명사의 소유격을 나타낼 때는 마지막 명사에만 아포스트로피와 s를 붙입니다.

- Bill and Dan**'s** report is outstanding.
  Bill과 Dan의 보고서는 뛰어나군요.
- Can I see Colors Korea and Tech High**'s** proposal?
  Colors Korea사와 Tech High사의 제안서를 볼 수 있을까요?

축약형을 만든다

아포스트로피는 소유격과 더불어 축약형contraction에서 쓰는 단골 문장부호입니다. 예를 들어 I will을 I'll로 줄인다든가, does not을 doesn't로 줄인다든가 할 때 씁니다. 참고로 아주 격식적인 이메일 외에는 축약형을 쓰는 편이 더 부드럽습니다.

- **I'll** give him a call.
  제가 그에게 전화해볼게요.
- The client **won't** tell me why.
  클라이언트가 이유를 말해주지 않네요.
- **Let's** just leave it at that.
  그냥 거기서 그만합시다.
- **It's** not the right time.
  지금은 적절한 시기가 아닙니다.
- **Charlie's** got the right idea.
  Charlie가 아주 잘 생각했어요.

다음 문장에서 틀린 부분을 수정해보세요. ▶정답 186p

1 I didn't get to see Jamie's and Andy's presentation on China.
중국에 관한 Jamie와 Andy의 프레젠테이션을 볼 기회가 없었네요.

2 Mr. Smiths' office is in Palo Alto.
Smith 씨의 사무실은 팰로앨토에 있습니다.

3 It was the accounting departments' idea.
그건 경리부의 아이디어였습니다.

4 Dan told me his' boss is also coming.
Dan이 자기 상사도 온다고 했습니다.

5 We're still waiting for your teams proposal.
저희는 아직 그쪽 팀의 제안서를 기다리고 있습니다.

다음 문장에서 축약형으로 바꿀 수 있는 부분을 바꿔보세요. ▶정답 186p

1 I will not accept that.
그건 받아들일 수 없습니다.

2 You could have said no.
당신이 거절할 수도 있었잖아요.

3 They are confused about the minutes.
그들은 회의록에 대해 헷갈려합니다.

4 Our CEO cannot make it to the meeting.
저희 CEO는 회의에 참석 못 하십니다.

5 I am sorry to say it is too late.
유감스럽게도 너무 늦었습니다.

6 This does not seem like the right time.
지금은 적절한 시기가 아닌 듯합니다.

인용부호와
이탤릭체 사용법

인용부호

인용문

기본적으로 인용한 글은 큰따옴표^{double quotation marks} 안에 넣습니다. 인용문을 문장 뒤에 붙일 때는 인용부호 앞에 콤마를 달지만, 인용문으로 문장을 시작할 때는 인용부호 안에 콤마가 들어갑니다. 참고로 영국에서는 큰따옴표 대신 작은따옴표^{single quotation marks}를 사용합니다.

- Mark said, "We do not wish to proceed."
- "We do not wish to proceed," Mark said.
  "저희는 진행하기를 원하지 않습니다."라고 Mark가 말했습니다.

물음표나 느낌표가 담긴 인용문은 문장 뒤에 나오면 앞에 콤마를 넣지만, 앞에 나올 때는 콤마를 생략합니다.

- Did the customer really ask, "Are you closed?"
  고객이 정말 "영업 끝났나요?"라고 물었어요?
- "The meeting is over!" the manager yelled.
  매니저가 "회의 끝났어요!"라고 소리 질렀습니다.

강조하는 표현이나 생소한 단어 및 구도 큰따옴표 안에 넣습니다.

- They said it was a "non-issue."
  그들은 그것이 '하찮은 주제'라고 하더군요.
- Why is that a "faux pas"?
  그게 왜 '무례'지요?

제목

기사, 논문, 연설, 노래, 음악, 그림, 책 속의 장^{unit, chapter} 등의 제목도 인용부호를 넣어서 씁니다.

- This unit is titled "Day 9."
  이 장의 제목은 Day 9입니다.
- "Michelle" is my favorite Beatles song.
  Michelle은 제가 가장 좋아하는 비틀즈 노래입니다.

이탤릭체	기울어진 글자체인 이탤릭체^{italics}는 책, 신문, 잡지, 영화, 연극 제목에 적용할 수 있습니다.

기울어진 글자체인 이탤릭체italics는 책, 신문, 잡지, 영화, 연극 제목에 적용할 수 있습니다.

- This book is called *2 Weeks Emails*.
  이 책의 제목은 2 Weeks Emails입니다.
- I subscribe to *BusinessWeek*.
  저는 BusinessWeek를 구독하고 있습니다.

라틴어나 프랑스어 등 외국어 단어나 구에도 이탤릭체를 적용합니다.

- *Carpe diem* means "Seize the day" in Latin.
  Carpe diem은 라틴어로 '오늘을 즐겨라'라는 뜻입니다.

비행기와 배, 우주선 이름도 이탤릭체로 씁니다.

- They named the boat *Sun Dreamer*.
  그들은 그 배를 Sun Dreamer라고 이름 지었습니다.

상대방의 이메일 시스템이 이탤릭체를 반영하지 못할 수도 있으니, 대신 밑줄을 긋는 것도 좋은 방법입니다.

- <u>Carpe diem</u> means "Seize the day" in Latin.
- They named the boat <u>Sun Dreamer</u>.

DAY
10

글쓰기 규칙
익히기 2

핵심강의 10

Focus On

오늘 배울 핵심 주제입니다

날짜와 시간
숫자와 단위
약어
미국식 영어 vs 영국식 영어

Find Out

시작하기 전에 생각해보세요.

나라마다 각각 날짜 쓰는 방식이 어떻게 다른가
영어 이메일에서는 백만을 어떻게 쓰는가
백분율로 문장을 시작할 때는 숫자로 쓰는가
USD와 KRW는 무슨 뜻인가
섭씨와 화씨는 각각 어떻게 표시하는가
이메일에서 온라인 약어를 쓰는 것이 적절한가
미국식 영어와 영국식 영어는 어떤 면이 다른가

날짜와
시간

날짜 쓰는 법

전체 날짜를 쓴다

날짜를 쓰는 방식은 나라에 따라 제각각입니다. 예를 들어 다음 날짜를 어떻게 읽어야 할까요?

- 11/02/20

일반적으로 한국에서는 '년-월-일' 순으로 '2011년 2월 20일'이라고 읽을 겁니다. 그러면 영어권에서는 어떨까요? 같은 영어권이라도 미국에서는 '2020년 11월 2일', 영국에서는 '2020년 2월 11일'로 다르게 읽을 가능성이 큽니다. 이처럼 나라마다 날짜를 읽는 방식이 다르기 때문에, 이메일에서는 상대방의 혼란이 없도록 전체 날짜를 완전하게 작성하는 것이 좋습니다.

전체 날짜를 쓸 때도 미국식과 영국식에 따라 방식이 조금 다릅니다. 미국식 표현 방식은 '월-일-년' 순으로 맨 앞에 달(month)을 철자로 쓰고, 날(day)을 숫자로 쓴 후 콤마를 찍고, 마지막으로 연도(year)를 숫자로 쓰는 것이 일반적입니다. 반면 영국식으로는 '일-월-년' 순으로, 날(day)을 먼저 쓰고 달(month)이 따르고 콤마 없이 연도(year)를 씁니다. (이 방식을 선호하는 미국인도 일부 있습니다.)

미국식	영국식
· Month Day, Year	· Day Month Year
· October 12, 2022	· 12 October 2022

참고로 날(day)을 16th처럼 서수ordinal number로 표기하기도 하는데 이메일에서는 그저 숫자로만 표기하는 것이 맞습니다. 어차피 머릿속에서나 소리 내어 읽을 때는 저절로 서수식으로 들리니까요. 반면 날(day)만 나올 경우에는 the 16th처럼 서수를 쓰는 것이 맞는데, 이메일에서는 정확성을 위해 최소한 월과 일을 함께 쓰는 것이 바람직합니다.

- X I'll be arriving on September 16th.
- ○ I'll be arriving on **September 16**.
  저는 9월 16일에 도착합니다.

약자는 쓰지 않는 게 좋다

월을 약자abbreviation로 표현하기도 하지만 사람에
따라 약자 기준이 다릅니다. September(9월)만 하
더라도 Sept.가 가장 흔한 약자지만 Sep.을 쓰기도
하죠. 그래서 가능하면 월은 철자 그대로 쓰는 것이
가장 좋습니다.

  X I'll be arriving on Sept. 16.

  X I'll be arriving on Sep. 16.

  ○ I'll be arriving on **September 16**.

시간 쓰는 법

이메일에서 시간을 표현할 때 가장 좋은 방법은 시간 뒤에 '오전'을 나타내는 a.m.이
나 '오후'를 나타내는 p.m.을 쓰는 것입니다. 이때 a.m.과 p.m.은 소문자로 쓰고 철
자마다 마침표를 찍는 게 일반적입니다.

  · The event starts at **6 p.m.**
    이벤트는 오후 6시에 시작합니다.

시간대를 in the morning(오전에), in the afternoon(오후에), in the evening(저
녁에)처럼 풀어 써도 무방합니다.

  · The event starts at **6 in the evening**.
    이벤트는 저녁 6시에 시작합니다.

1시, 2시, 3시 등의 시간을 나타낼 때는 o'clock을 사용하는 방법도 있습니다. 흔히
격식을 갖춘 이메일에서 사용되는 방식이죠. o'clock은 1에서 12 단위의 숫자 뒤에
만 올 수 있으며 시간은 철자나 아라비아 숫자로 표현할 수 있습니다. 이때 주의할 것
은 o'clock은 a.m.이나 p.m.과는 함께 쓰지 않는다는 점입니다. in the morning/
afternoon/evening과 함께 쓰는 것은 가능합니다.

X The event starts at 6 p.m. o'clock.

○ The event starts at 6 o'clock in the evening.

○ The event starts at six o'clock in the evening. (격식을 갖춘 표현)

1 ☐☐

다음 질문에 영어로 답해보세요. ▸샘플은 186p에 있습니다.

1 **When were you born?**
언제 태어나셨나요?

I was born on ─────────────────────────────────────

2 **What time do you usually get to work?**
보통 몇 시에 출근하나요?

I usually get to work by ─────────────────────────

I usually get to work by ─────────────────────────

3 **What time do you usually eat lunch?**
보통 몇 시에 점심을 드시나요?

───

4 **When do you usually go to bed?**
보통 몇 시에 잠자리에 드나요?

───

숫자와
단위

일반 숫자

일반적으로 10 미만의 숫자는 철자로, 10 이상의 숫자는 아라비아 숫자로 표기합니다. 캐주얼한 이메일에서는 이 원칙을 깨도 큰 무리는 없습니다.

- **Seven** people are opposed to the idea.
  7명이 그 아이디어에 반대하고 있습니다.

- There are **25** days left.
  25일 남았어요.

million(백만), billion(십억), trillion(조)은 철자로 씁니다.

- The subsidiary was sold for $20 **million**.
  그 자회사는 2천만 달러에 팔렸습니다.

숫자로 문장을 시작했을 때는 철자로 씁니다.

- X **5** employees left early.
- ○ **Five** employees left early.
  직원 5명은 일찍 퇴근했습니다.

단, 같은 문장에 숫자가 2개 이상 들어가면 모두 아라비아 숫자로 처리합니다.

- **5** out of **17** employees left early.
  직원 17명 중 5명은 일찍 퇴근했습니다.

백분율

비즈니스 문서에서는 백분율을 철자(percent) 대신 기호(%)로, 해당 숫자를 아라비아 숫자 그대로 표시하는 것이 일반적입니다.

- X Could we get a **five percent** discount?
- ○ Could we get a **5%** discount?
  5% 할인을 받을 수 있을까요?

다만 백분율로 문장을 시작할 때는 숫자와 백분율 표시 모두 영어 철자로 씁니다.

- **Five percent** would be better.
  5%가 더 좋을 것 같습니다.

이때 동사는 백분율이 나타내는 대상에 따라 결정됩니다. 불가산^{uncountable} 명사는 단수형 동사, 가산^{countable} 명사는 복수형 동사로 받습니다.

불가산 명사

- I think 10% of the profit **goes** to the distributors.
  이익의 10%는 유통업체에게 가는 것 같습니다.

가산 명사

- About 40% of our employees **take** their vacation in August.
  직원의 약 40%가 8월에 휴가를 갑니다.

1보다 작은 숫자를 나타낼 때는 소수점^{decimal point} 앞에 0을 씁니다.

- The number amounts to **0.2%**.
  그 숫자는 0.2%에 달합니다.

분수

2분의 1, 3분의 1처럼 1보다 작은 분수^{fraction}는 하이픈과 함께 철자로 씁니다. 분자는 기수, 분모는 서수로 나타내고 '분자-분모'순으로 쓰죠. 분자가 2 이상의 복수일 때는 서수에 -s를 붙입니다.

- **One-third** of the report is in Korean.
  보고서의 3분의 1은 한국어로 되어 있습니다.
- **Two-thirds** of the report is in Korean.
  보고서의 3분의 2는 한국어로 되어 있습니다.

정수를 분수나 소수^{decimal}와 함께 쓸 경우에는 아라비아 숫자로 표현합니다.

- Their price is **2 1/2** times higher than the next highest bidder.
  그들의 가격은 두 번째로 높은 가격의 입찰자보다 2배 반이나 높습니다.
- It weighs **10.3** kilograms.
  그건 무게가 10.3킬로그램 나갑니다.

나이나 햇수는 숫자와 분수로 적습니다.

- The building is **10 1/2** years old.
  그 빌딩은 10년 반 됐습니다.

| 나이, 주소, 금융
관련 숫자 | 나이를 나타내는 숫자, 도로 번호와 주소를 나타내는 숫자, 금융과 관련된 숫자는 모두 철자가 아닌 아라비아 숫자로 처리합니다. |

- The CEO is **49** years old.
  CEO는 49세이십니다.

- Their office is on **17** Maple Avenue.
  그들의 사무실은 **Maple**가 17번지에 있습니다.

- Take Highway **1** to get to Busan.
  부산으로 가려면 1번 고속도로를 타세요

- The share price is up by **7.1**%.
  주가가 7.1% 올랐습니다.

화폐 단위

달러나 원 같은 화폐 단위는 USD, KRW 같은 기호로 표현하는 것이 원칙입니다. USD는 United States dollar(미국 달러), KRW는 Korean won의 공식 약자입니다. USD는 Australian dollar(호주 달러)의 약자인 AUD나 Canadian dollar(캐나다 달러)의 약자인 CAD 등과 구별하는 역할을 합니다. 물론 나와 상대가 주고받는 이메일에서 언급하는 '달러'가 어느 나라 화폐인지 아는 경우에는 달러를 나타내는 기호 $를 써도 무방하겠지만요.

- Each unit is **$10**. / Each unit is **10 USD**.
  단위당 10달러입니다.

- Each unit is **11,000 KRW**.
  단위당 11,000원입니다.

달러 없이 센트만 쓸 때는 철자 cent로 표시합니다.

- It only costs **25 cents**.
  그건 겨우 25센트밖에 안 듭니다.

계량, 무게, 거리

미터, 그램 등의 계량measuring과 무게weight 및 거리distance를 나타내는 숫자는 아라비아 숫자로 씁니다.

- The table is **1.3 meters** long.
  탁자의 길이는 1.3미터입니다.

- The box weighs only **5 kilograms**.
  상자는 무게가 5킬로그램밖에 안 나갑니다.

- It's about **10 kilometers** from here.
  여기에서 그곳까지 약 10킬로미터입니다.

온도

이메일에서는 온도 기호(℃, ℉)를 입력하기 까다롭습니다. 따라서 먼저 숫자를 쓰고 ° 기호 대신 degrees(도)를 철자로 넣은 후, Celsius(섭씨) 또는 Fahrenheit(화씨)를 붙입니다. 기온이 영하일 경우에는 minus를 숫자 앞에 넣습니다.

- It's **7 degrees Celsius** in Busan.
  부산은 섭씨 7도입니다.

- Yesterday's morning low was **minus 3 degrees Celsius**.
  어제 아침 최저 기온은 섭씨 영하 3도였습니다.

TIP

섭씨와 화씨 변환하는 법
온도 단위로 섭씨를 사용하는 한국과는 달리 미국은 화씨를 주로 쓴다. 섭씨를 화씨로 변환할 때는 1.8을 곱한 후 32를 더하고, 화씨를 섭씨로 변환할 때는 32를 뺀 뒤 1.8로 나눈다. 예를 들어 섭씨 0도는 화씨 32도에 해당한다.

$°F = °C \times 1.8 + 32$
$°C = (°F - 32) \div 1.8$

다음 문장에서 틀린 단어를 수정하세요.

▶정답 186p

1 10% is the best we can do.
10%가 우리가 할 수 있는 최선입니다.

2 Approximately 20% of the employees wants to work at home.
대략 직원의 20%가 집에서 일하길 원합니다.

3 Benson Inc. is asking us to delete 1/5 of the provisions.
Benson사가 조항의 1/5을 삭제해달라고 요청하고 있습니다.

4 6 sheets are missing.
여섯 장이 없네요.

5 The price went up seven percent.
가격이 7% 올랐습니다.

약어

회사 명칭의 약자

우리가 흔히 생각하는 '주식회사'는 실은 영어로 여러 형태가 있습니다. 미국은 Inc.(Incorporated)를 선호하고 영국은 Ltd.(Limited)를 선호합니다. 또한 Corp.(Corporation)를 쓰기도 하고 법적 책임 정도에 따라 LLC(Limited Liability Corporation)나 PLC(Public Limited Company)도 있습니다. 그러니 이메일에서 특정 회사를 언급할 때는 그 회사의 웹사이트나 구글 등을 참조해서 회사가 어떤 식의 명칭을 쓰는지 먼저 파악해야 합니다.

두문자 식의 단체 명칭

UN, NATO, NASA, WHO, YMCA, BTS, FBI, CIA 등 잘 알려진 단체나 그룹 이름은 원래 명칭보다 두문자로 된 약자ᵃᶜʳᵒⁿʸᵐ가 더 유명한 경우가 많습니다. 대부분은 문자 사이에 마침표를 생략하지만 단체에 따라 마침표를 넣기도 합니다. 마침표를 찍을 때는 주의할 점이 하나 있는데, 마지막 문자에도 반드시 마침표를 붙여야 한다는 것입니다.

     X U.S.A

     ○ U.S.A.

     ○ USA

온라인 약어

문자나 메신저 등 SNS에서 흔히 볼 수 있는 온라인 약어ᵃᵇᵇʳᵉᵛⁱᵃᵗⁱᵒⁿˢ는 친근감을 줄 수는 있지만, 비즈니스 이메일에서는 아주 흔한 FYI(for your information)나 ASAP(as soon as possible) 등을 제외하고는 가능한 한 삼가는 것이 좋습니다. 수신자의 나이대나 전문 분야, 지역 등에 따라 특정 약어를 모를 수도 있으니까요. 약어가 무슨 뜻인지 몰라 온라인으로 검색해야 할 정도라면, 시간 낭비가 되는 것은 물론 이메일을 명확하게 작성했다고 보기 힘들죠.

다만 내가 약어를 쓰지 않더라도 다른 사람에게서 받는 이메일에서 약어를 접할 수 있는 만큼, 인기 많은 약어를 몇 가지 소개합니다.

약어	영어	정의
AAMOF	as a matter of fact	사실은
AFAIK	as far as I know	내가 알기로는
AKA	also known as	~라고도 알려진
ASAP	as soon as possible	가능한 한 빨리
BTW	by the way	그나저나
CUL	see you later	나중에 봅시다
FYI	for your information	참고로
IAC	in any case	어쨌든
IMHO	in my humble opinion	내 소견으로는
IOW	in other words	다시 말하자면
LOL	laughing out loud	너무 웃겨
NBD	no big deal	대단한 거 아냐
OTOH	on the other hand	반면에
SOS	same old stuff	매일 똑같지 뭐
THX / TNX	thanks	고마워
TPTB	the powers that be	당국자들
WTG	way to go	정말 잘했어

3 다음 문장에서 필요한 단어를 알맞게 수정하세요.

▶정답 187p

1 That's NBD.
그건 대단한 거 아니에요.

2 TNX. I owe you one.
고마워요. 신세 졌어요.

3 We need to follow the F.T.C regulations.
우리는 FTC(미국 연방 통상 위원회)의 규칙을 준수해야 합니다.

미국식 영어 **vs**
영국식 영어

미국식 영어와 영국식 영어는 같은 언어이면서도 다른 점이 은근히 많습니다. 발음이 다른 것은 이메일에서야 상관없지만, 앞서 소개한 날짜의 표현 방식과 더불어 특정한 단어의 철자나 문법까지도 이것저것 차이가 있죠. 여기서는 영국식 영어를 사용하는 사람과 이메일을 주고받을 때 도움이 될만한 몇 가지 사항만 간단하게 소개합니다.

과거 시제

미국인들은 단순한 과거형past tense을 쓰는 반면, 영국인들은 현재완료형present perfect과 과거완료형past perfect을 쓰는 경우가 많습니다.

미국식
- **Did** Sara **call**?
  Sara가 전화했어요?

영국식
- **Has** Sara **called**?

미국식
- I **had** a wonderful trip.
  멋진 여행이었어요.

영국식
- I **have had** a wonder trip.

정관사

정관사 the를 영국식 영어에서는 드물게 사용하는 편입니다.

미국식
- Please be more careful in **the** future.
  앞으로는 더 조심해주시길 바랍니다.

영국식
- Please be more careful in future.

미국식
- It started properly **the** first time.
  처음에는 잘 작동됐는데요.

영국식
- It started properly first time.

집합명사에 따른 수 일치

미국식 영어에서는 집합명사collective noun 다음에 단수 동사singular verb를 쓰는 반면, 영국식 영어에서는 흔히 복수 동사plural verb를 씁니다.

미국식
- Aaron's family **is** from Canada.
  Aaron의 가족은 캐나다에서 왔습니다.

영국식
- Aaron's family **are** from Canada.

미국식
- The company **has** many great products.
  그 회사는 훌륭한 제품이 많습니다.

영국식
- The company **have** many great products.

부정 단축형

미국에서는 조동사auxiliary verb와 부정어를 단축해 부정 단축형negative contraction을 만드는 반면, 영국에서는 대명사pronoun와 조동사를 단축해 씁니다.

원래 문장
- We have not been to China.
  저희는 중국에 가본 적이 없습니다

미국식
- We **haven't** been to China.

영국식
- We**'ve no**t been to China.

원래 문장
- I had not done that before.
  저는 전에 그런 적이 없었습니다.

미국식
- I **hadn't** done that before.

영국식
- I**'d not** done that before.

이메일 인사말과 결구	미국에서는 이메일 인사말에서 콜론이나 콤마를 쓰고 결구에서도 콤마를 붙이지만, 영국에서는 이런 문장부호를 생략하는 경우가 많습니다. 영국에서는 Mr 또는 Ms 같은 호칭에서도 마침표를 생략하죠. 참고로 미국식 결구 표현인 Sincerely yours는 영국식으로는 거꾸로 Yours sincerely라고 씁니다.

미국식
- Dear Mr. Yates: · Hi Phil,

영국식
- Dear Mr Yates   · Hi Phil

미국식
- Sincerely yours,   · Best regards,

영국식
- Yours sincerely   · Best regards

철자	미국식 단어에 있는 o가 영국식 단어에서는 ou, er은 re, ize는 ise 등으로 변하는 등, 같은 단어라도 철자에서 차이가 있을 때가 있습니다. 같은 동사의 과거형 철자가 다른 경우도 있습니다.

미국 vs 영국 철자

뜻	미국	영국
색깔	color	colour
매우 좋아하는	favorite	favourite
극장	theater	theatre
중간	center	centre
수표	check	cheque
프로그램	program	programme
타이어	tire	tyre
전문으로 하다	specialize	specialise
여행했다	traveled	travelled
배웠다	learned	learnt

단어

같은 대상을 아예 다른 단어로 표현하는 경우도 있습니다. 여기서는 대표적인 것만 간단하게 소개합니다.

미국 vs 영국 단어

뜻	미국	영국
아파트	apartment	flat
화장실	bathroom	toilet
엘리베이터	elevator	lift
테이크아웃	takeout	take-away
고속도로	highway, freeway	motorway
주유소	gas station	petrol station
휴가	vacation	holiday
영화관	movie theater	cinema
사립학교	private school	public school
메리 크리스마스!	Merry Christmas!	Happy Christmas!

DAY
11

패턴
활용하기 1

핵심강의 11

Focus On

오늘 배울 핵심 주제입니다.

패턴 1 "감사합니다"
패턴 2 "~에 대한 것입니다"
패턴 3 "죄송합니다"
패턴 4 "유감입니다"
패턴 5 "~했으면 합니다"

Find Out

시작하기 전에 생각해보세요.

감사 표현은 도입부와 본문, 맺음말 중 어느 부분에 쓰면 유용한가
용건을 첫 문장에서 제시할 때 쓸 수 있는 영어 패턴은 무엇인가
사과할 때는 왜 신중해야 하는가
sorry라는 단어는 유감을 표할 때도 쓰는가
정중하게 뭔가를 하겠다고 할 때 유용한 패턴은 무엇인가

패턴 1
"감사합니다"

일상에서 일터에서, 구두상으로 필기상으로 영어권 원어민은 거의 습관처럼 고마움의 뜻을 매일같이 표현합니다. 비즈니스 이메일에서도 감사 표현은 도입부, 본문, 맺음말 어디에서나 매우 유용하게 사용할 수 있습니다.

～에 감사드립니다

Thank you for + 명사

감사를 나타내는 가장 기본적인 표현은 Thank you입니다. for 뒤에는 감사한 내용이 들어갑니다.

- **Thank you for** your timely advice.
  시기적절한 조언에 감사드립니다.

- **Thank you for** the paint samples.
  페인트 견본에 감사드립니다.

고마움을 강조할 때는 Thank you 다음에 very much나 so much를 넣습니다.

- **Thank you very much for** your timely advice.
  시기적절한 조언에 정말 감사드립니다.

- **Thank you so much for** the paint samples.
  페인트 견본에 정말 감사드립니다.

자신만의 문장을 만들어보세요.

> Thank you for ....

～ 고맙습니다

Thanks for + 명사

친근한 사이에서는 Thank you 대신 Thanks를 사용할 수 있습니다.

- **Thanks for** your email regarding the new drawings.
  새로운 도면에 대한 이메일 고맙습니다.

- **Thanks for** the help yesterday.
  어제 주신 도움 고맙습니다.

2

자신만의 문장을 만들어보세요.

Thanks for ....

~해주셔서 감사합니다

Thank you for + -ing

상대방이 한 일에 대해 감사를 표할 때 쓰는 패턴입니다. for 뒤에는 동사의 -ing형이 들어갑니다.

- **Thank you for** giv**ing** me the heads-up about the changes.
  변경 사항에 대해 미리 알려주셔서 감사합니다.

- **Thank you for** allow**ing** me to use the quote.
  인용문을 쓸 수 있게 허락해주셔서 감사합니다.

3

자신만의 문장을 만들어보세요.

Thank you for .... ing ....

~해줘서 고맙습니다

Thanks for + -ing

친근한 사이에서는 Thank you 대신 Thanks를 사용해 상대방이 한 일에 대해 고마움을 표합니다. 마찬가지로 for 뒤에는 동사의 -ing형이 옵니다.

- **Thanks for** go**ing** out of your way to see us.
  특별히 신경을 써서 저희를 만나줘서 고맙습니다.

- **Thanks for** chang**ing** the meeting date.
  회의 날짜를 바꿔줘서 고맙습니다.

4

자신만의 문장을 만들어보세요.

> Thanks for _____ ing _____

~에 감사드립니다

I/We appreciate + 명사

어떤 일에 대해 감사를 표할 때는 '~에 대해 감사해하다'라는 뜻의 동사 appreciate 를 활용하는 방법도 있습니다. 팀이나 회사 전체를 대표해서 감사를 표할 때는 주어로 I 대신 we를 사용합니다.

- **I appreciate** the team's efforts.
  팀의 노력에 감사드립니다.

- **We appreciate** your feedback on the presentation.
  프레젠테이션에 대한 피드백에 감사드립니다.

appreciate 앞에 greatly 또는 really를 넣으면 고마움을 더욱 강조할 수 있습니다.

- **I greatly appreciate** the team's efforts.
  팀의 노력에 정말 감사드립니다.

- **We really appreciate** your feedback on the presentation.
  프레젠테이션에 대한 피드백에 정말 감사드립니다.

5

자신만의 문장을 만들어보세요.

> I/We appreciate _____

패턴 2
"~에 대한 것입니다"

이메일 첫 문장에 용건부터 제시할 때 유용한 패턴들입니다. 내가 이메일을 쓰는 이유를 설명하거나, 이메일이 어떤 일에 관련된 내용인지 설명할 때 사용하죠.

~하고자
메일 드립니다

I am writing to + 동사

직역하면 '~하기 위해 글을 쓰고 있습니다'라는 뜻인데, 이메일을 쓰는 이유를 to 뒤에 동사 형태로 붙이면 됩니다.

- **I am writing to** ask for some advice.
  조언을 좀 구하고자 메일 드립니다.

- **I am writing to** offer a few ideas on the project.
  프로젝트에 대한 의견을 몇 가지 드리고자 메일 드립니다.

6

자신만의 문장을 만들어보세요.

I am writing to ....

~ 메일 드립니다

I am writing in + 명사 + to + 명사

흔히 in 뒤에는 response나 regard가 오고, to 뒤에는 명사가 따르죠. in response to는 '~에 답변하여', in regard to는 '~와 관련하여'라는 뜻입니다.

- **I am writing in** response **to** your comments on July 2.
  당신의 7월 2일자 의견에 답변을 하기 위해 메일 드립니다.

- **I am writing in** regard **to** the product specs.
  제품 사항에 관해 메일 드립니다.

7

자신만의 문장을 만들어보세요.

I am writing in .... to ....

이 이메일은 ~하기 위한 것입니다

This email is to + 동사

아예 이메일 자체의 목적을 언급할 때 쓰는 패턴입니다. to 뒤에는 동사가 오죠.

- **This email is to** let you know that your application has been approved.
  이 이메일은 당신의 신청이 승인됐다는 것을 알려드리기 위한 것입니다.

- **This email is to** offer a few possible solutions to the problem in San Jose.
  이 이메일은 산호세 문제에 대한 가능한 해결 방안 몇 가지를 제의하기 위한 것입니다.

8

자신만의 문장을 만들어보세요.

This email is to

이것은 ~에 관한 것입니다

This is in regard to + 명사

격식을 어느 정도 갖추고 싶을 때 쓰기 좋은 패턴으로, in regard to는 '~와 관련하여'라는 뜻입니다.

- **This is in regard to** your request for an extension.
  이것은 귀하의 기한 연장 요청에 관한 것입니다.

- **This is in regard to** the soil test.
  이것은 토질 검사에 관한 것입니다.

9

자신만의 문장을 만들어보세요.

This is in regard to

~와 관련하여

In regard to + 명사

In regard to(~와 관련하여) 뒤에 이메일에서 다루고자 하는 주제를 언급한 후, 구체적인 용건을 쓰기도 합니다.

- **In regard to** your request, we are still waiting for the director's approval.
  귀하의 요청과 관련하여, 저희는 아직 이사님의 승인을 기다리고 있습니다.

- **In regard to** the subcontractor's questions, I don't think I'm the right person to answer them.
  하청업체의 질문들과 관련하여, 저는 답변할 적임자가 아닌 것 같습니다.

10

자신만의 문장을 만들어보세요.

> In regard to ....

~에 관하여

Regarding/Concerning + 명사

어떤 일에 관한 이메일인지 설명할 때는 문장 맨 앞에 In regard to와 같은 의미인 Regarding 또는 Concerning을 사용해도 좋습니다.

- **Regarding** the proposed site, there are some issues we need to discuss.
  제안된 부지에 관하여, 논의해야 할 문제점들이 좀 있습니다.

- **Concerning** your research, I think Joey might be able to help you.
  당신이 진행하는 조사에 관하여, Joey가 당신을 도와드릴 수 있을 거라고 생각합니다.

11

자신만의 문장을 만들어보세요.

> Regarding ....
>
> Concerning ....

패턴 3
"죄송합니다"

사과할 때는 일상에서도 많이 쓰는 I am sorry와 함께 I apologize도 자주 씁니다. 단, 비즈니스 이메일에서 사과할 때 꼭 염두에 둬야 할 것은 향후 법적 문제가 있을 경우 해당 내용이 이쪽의 잘못을 인정하는 증거로 간주될 수도 있다는 점입니다. 따라서 이메일에서 사과하는 표현을 쓸 때는 늘 신중함이 요구됩니다.

**〜에 대해
사과드립니다**

I apologize for + 명사

I am sorry보다 비교적 격식을 갖춘 사과 표현입니다.

- **I apologize for** the delay in my response.
  답변이 늦은 것에 대해 사과드립니다.
- **I apologize for** the mix-up.
  혼동에 대해 사과드립니다.

12

자신만의 문장을 만들어보세요.

> I apologize for _____

**〜한 것에 대해
사과드립니다**

I apologize for + -ing

사과하고자 하는 일을 동사의 -ing형으로 표현하는 방법도 있습니다.

- **I apologize for** giv**ing** you the wrong number.
  잘못된 번호를 드린 것에 대해 사과드립니다.
- **I apologize for** not pay**ing** enough attention to the graphics.
  그래픽에 충분히 집중을 못한 것에 대해 사과드립니다.

13

자신만의 문장을 만들어보세요.

> I apologize for _____ ing _____

~에 대해
죄송합니다

I am sorry about + 명사

I am sorry는 사과할 때 쓰는 가장 일반적인 표현입니다. about 뒤에 내가 미안하게 생각하는 일을 명사 형태로 표현합니다.

- **I am sorry about** the misunderstanding.
  오해가 있었던 것에 대해 죄송합니다.

- **I am sorry about** the unfortunate delay in shipment.
  안타까운 발송 지연에 대해 죄송합니다.

14

자신만의 문장을 만들어보세요.

> I am sorry about

~한 점
죄송합니다

I am sorry for + -ing

for 뒤에 동명사인 -ing형을 써서 내가 한 일에 대해 사과할 수도 있습니다. 했어야 했지만 하지 못한 일에 대해 사과할 때는 -ing형 앞에 not을 삽입합니다.

- **I am sorry for** mak**ing** you wait.
  기다리게 해드린 점 죄송합니다.

- **I am sorry for** not tell**ing** you sooner.
  더 일찍 알려드리지 못한 점 죄송합니다.

15

자신만의 문장을 만들어보세요.

> I am sorry for _____ ing

패턴 4
"유감입니다"

sorry라는 단어는 사과할 때만 쓰는 것이 아닙니다. sorry는 '미안해하는'이란 뜻과 함께 '유감스러워하는'이란 뜻도 갖고 있어서 유감을 표할 때도 아주 유용한 단어죠. sorry와 더불어 유감을 나타낼 때 문장 앞에 쓰는 부사 표현도 함께 살펴보겠습니다.

~하게 되어서 안타깝습니다

I'm sorry (that) + 주어 + 동사

뒤에 '주어 + 동사' 형태로 내가 안타깝게 생각하는 일을 언급합니다. that은 생략하는 것도 가능합니다.

- **I'm sorry that** you were offended by that comment.
  그 발언에 불쾌감을 느끼게 되셔서 안타깝습니다.

- **I'm sorry that** we are unable to meet the new specifications.
  저희가 새로운 사양을 맞추지 못하게 되어서 안타깝습니다.

자신만의 문장을 만들어보세요.

> I'm sorry that

~하게 되어서 아쉽습니다

I'm sorry to + 동사

to 뒤에는 흔히 동사 see나 hear, 또는 tell이나 ask가 옵니다.

- **I'm sorry to** see the supplier so unhappy.
  납품업체가 그렇게 불만족스러워하는 것을 보게 되어서 아쉽습니다.

- **I'm sorry to** hear that your team wants to renegotiate.
  귀하의 팀이 재협상하길 원한다는 것을 듣게 되어서 아쉽습니다.

자신만의 문장을 만들어보세요.

> I'm sorry to

유감스럽지만 ~합니다	**I'm sorry, but** + 주어 + 동사 but 뒤에는 유감스럽지만 상대방이 현실로 받아들여야 하는 일을 '주어 + 동사' 형태 로 표현합니다.

- **I'm sorry, but** I don't agree.
  유감스럽지만 저는 동의하지 않습니다.

- **I'm sorry, but** this is a totally different situation.
  유감스럽지만 이건 완전히 다른 상황입니다.

18

자신만의 문장을 만들어보세요.

I'm sorry, but

유감스럽지만

Regretfully,

간단하게 문장 앞에 Regretfully라는 부사를 넣으면 유감을 표현할 수 있습니다.

- **Regretfully,** changing the schedule is not a viable option.
  유감스럽지만 일정을 바꾸는 건 실현 가능한 선택 사항이 아닙니다.

- **Regretfully,** I won't be able to attend the meeting.
  유감스럽지만 저는 회의에 참석하지 못하게 됐습니다.

19

자신만의 문장을 만들어보세요.

Regretfully,

아쉽지만

Unfortunately,

'아쉽지만, 유감스럽게도, 불행히도'를 뜻하는 부사 unfortunately에는 '운'을 뜻하는 어원 fortune이 들어갑니다. '나도 통제 못 한다'는 뉘앙스가 미묘하게 풍기는 표현입니다.

- **Unfortunately,** we need to redo the wiring.
  아쉽지만 배선 작업을 다시 해야 합니다.

- **Unfortunately,** we can't go in September.
  아쉽지만 저희는 9월에 못 갑니다.

자신만의 문장을 만들어보세요.

Unfortunately, ...

패턴 5
"~했으면 합니다"

정중하게 내가 뭔가를 했으면 좋겠다고 할 때는 I would로 시작하는 패턴이 유용합니다. would를 쓰면 좀 더 정중한 느낌을 낼 수 있죠.

~하겠습니다

I would be + 형용사

흔히 뒤에 grateful이나 happy, glad, pleased 등의 형용사를 넣어 사용하는 패턴입니다.

- **I would be** grateful if you accepted the invitation.
  초청을 수락해주시면 감사하겠습니다.

- **I would be** happy to attend the meeting.
  회의에 기꺼이 참석하겠습니다.

21

자신만의 문장을 만들어보세요.

> I would be ....

**~하겠습니다 /
~하는 것이
좋겠습니다**

I would + 동사

I would 뒤에 동사를 넣으면 뭔가를 내가 '~하겠다'를 뜻하기도 하지만, '나라면 ~하겠다' 즉, '~하는 것이 좋겠다'라는 의미가 될 수도 있습니다.

- **I would** appreciate hearing from you.
  회신을 주시면 감사하겠습니다.

- **I would** give it more thought.
  (저라면) 조금 더 고민해보겠습니다.

22

자신만의 문장을 만들어보세요.

> I would

~하고 싶습니다

I would like to + 동사

would like to는 '~하고 싶다'라는 뜻입니다. 내가 하고 싶은 일을 동사 형태로 to 뒤에 붙여 표현하면 됩니다.

- **I would like to** visit the plant in June.
  6월에 공장을 방문하고 싶습니다.

- **I would like to** talk directly to the distributor.
  유통업체와 직접 얘기해보고 싶습니다.

23

자신만의 문장을 만들어보세요.

> I would like to

▶정답 187p

24 　아래 나오는 상황을 바탕으로, 제시된 패턴을 사용해서 문장을 만들어보세요.

> 보기
>
> A client sent you an email.
> 클라이언트가 이메일을 보냈다.
>
> ➡ Thank you for your email.

1 A potential client called you yesterday.
잠재 고객이 어제 전화했다.

➡ I appreciate _____:

2 You want to complain about the service you got this morning.
오늘 아침에 받은 서비스에 대해 항의하고 싶다.

➡ I am writing to _____:

3 You are replying to an email you received on Monday.
월요일에 받은 이메일에 대해 답변을 한다.

➡ This is in regard to _____:

4 Your boss has asked you for an outline of your marketing ideas for a new product called "Essence."
상사가 신제품인 Essence와 관련해서 마케팅 아이디어의 요약을 요청했다.

➡ This email is to _____:

5 You want to postpone next month's meeting.
다음 달 회의를 연기하고 싶다.

➡ Regarding _____:

6 You forgot to call yesterday.
어제 전화하는 걸 깜빡했다.

➡ I apologize for _____ing _____:

7 There was a mistake in the report you sent yesterday.
어제 보낸 보고서에 오류가 있었다.

➡ I am sorry about _____:

8 You just found out that your friend's sister, Sara, is sick.

방금 친구의 여동생인 Sara가 아프다는 소식을 들었다.

➡ I am sorry to _____ :

9 A client wants to pay the bill a month late, but you have to say no.

고객이 청구서 금액을 한 달 늦게 지불하고 싶어 하지만 거절해야 한다.

➡ I'm sorry, but _____ :

10 You want to take this person out to dinner.

수신자에게 저녁 식사를 대접하고 싶다.

➡ I would like to _____ :

DAY
12

패턴
활용하기 2

핵심강의 12

Focus On

오늘 배울 핵심 주제입니다.

패턴 6 "〜가 가능한가요?"
패턴 7 "기쁩니다"
패턴 8 "〜대로"
패턴 9 "축하합니다"
패턴 10 "〜해주십시오"

Find Out

시작하기 전에 생각해보세요.

간단하게 뭔가를 요청할 때 쓸 수 있는 패턴은 무엇인가
이전에 했던 설명이나 요청 등을 언급할 때 쓰기 좋은 패턴은 무엇인가
축하할 때는 어떤 단어가 특히 유용한가
격식을 차릴 때 좋은 축하 패턴은 무엇인가
Please는 '부디'와 '제발' 외에 어떤 뜻이 있는가

패턴 6
"〜가 가능한가요?"

이번에는 간단하게 뭔가를 요청할 때 쓸 수 있는 여러 패턴을 살펴보겠습니다. 대부분 Could와 Would로 시작하는 표현입니다. 전반적으로 요청하는 것이 클수록 패턴도 길어지기 마련입니다.

〜해주시겠습니까?

Could you + 동사

구두상으로 요청할 때도 자주 쓰는 패턴입니다. 상대방이 했으면 하는 일을 뒤에 동사 형태로 붙입니다.

- **Could you** do me a favor?
  부탁 하나 들어주시겠습니까?

- **Could you** come by the office next week?
  다음 주에 저희 사무실에 들러주시겠습니까?

1 자신만의 문장을 만들어보세요.

> Could you _____

〜할 수 있을까요?/
〜해도 될까요?

Could I + 동사

내가 하고자 하는 어떤 행동에 대한 승인을 얻고자 할 때 자주 쓰는 패턴입니다.

- **Could I** alter the design a little?
  제가 디자인을 조금 바꿀 수 있을까요?

- **Could I** use the conference room tomorrow afternoon?
  내일 오후에 회의실을 사용해도 될까요?

2 자신만의 문장을 만들어보세요.

> Could I _____

**～하는 것이
어떻겠습니까?**

Could we + 동사

여기서 we는 '우리 쪽'이 될 수도 있고, 나와 상대방을 함께 일컫는 '우리'가 될 수도
있습니다.

- **Could we** ask Anna to join us?
  Anna도 함께 하자고 하는 게 어떻겠습니까?

- **Could we** have lunch sometime this week?
  이번 주 언제 점심 같이 드시는 것이 어떻겠습니까?

자신만의 문장을 만들어보세요.

> Could we _____

**혹시 ～가
가능할까요?**

Would it be possible to + 동사

다소 어려운 요청이나 부탁에 쓸 수 있는 패턴입니다. 조금 더 격식을 갖춘 표현이죠.

- **Would it be possible to** meet at your office?
  혹시 그쪽 사무실에서 만나는 게 가능할까요?

- **Would it be possible to** get the prototype from Paul?
  혹시 Paul에게 시제품을 받는 것이 가능할까요?

자신만의 문장을 만들어보세요.

> Would it be possible to _____

혹시 ~할 수 있을까요?

Would it be possible for me/you to + 동사

내가 하고자 하는 행동에는 for 뒤에 me를, 상대방이 했으면 하는 행동에는 you를 쓰면 됩니다.

- **Would it be possible for me to** skip the conference this year?
  혹시 제가 올해 회의에 불참해도 될까요?

- **Would it be possible for you to** bring two more copies of the report?
  혹시 보고서 사본 2부를 더 가져올 수 있으세요?

5 ▸

자신만의 문장을 만들어보세요.

> Would it be possible for me to ....
>
> Would it be possible for you to ....

혹시 ~해도 될까요?

Would it be okay if I + 과거형 동사

보다 캐주얼한 느낌을 원할 때는 'possible to + 동사' 대신 'okay if I + 동사'를 씁니다. 이때 동사 형태는 과거형으로 쓰므로 주의하세요.

- **Would it be okay if I** took my vacation earlier?
  혹시 제가 휴가를 더 일찍 가도 될까요?

- **Would it be okay if I** canceled the first demo?
  혹시 첫 번째 데모를 취소해도 될까요?

6 ▸

자신만의 문장을 만들어보세요.

> Would it be okay if I ....

~해도
괜찮겠습니까?

Would you mind if I + 과거형 동사

'언짢아하다'를 뜻하는 mind를 사용한 패턴입니다. 내가 어떤 일을 해도 상대방이 괜찮은지 물어볼 때 씁니다. 마찬가지로 동사 형태는 과거형으로 씁니다.

- **Would you mind if I** asked a different firm to do the translation?
  다른 회사에게 그 번역을 맡겨도 괜찮겠습니까?

- **Would you mind if I** pushed the date back?
  일정을 미뤄도 괜찮겠습니까?

7

자신만의 문장을 만들어보세요.

> Would you mind if I _____

~하실 수
있습니까?

Would you be able to + 동사

'~할 수 있다'를 뜻하는 be able to를 사용해서 상대방이 어떤 일을 할 수 있는지 물어보는 패턴입니다. 뭔가를 부탁할 때 쓰는 정중한 패턴이죠.

- **Would you be able to** send me this morning's meeting minutes?
  오늘 아침 회의록을 보내주실 수 있습니까?

- **Would you be able to** help our team with the proposal?
  저희 팀이 제안서 작성하는 거 도와주실 수 있습니까?

8

자신만의 문장을 만들어보세요.

> Would you be able to _____

가능하다면 | **If possible,**

요청하는 것을 뒤에 '주어 + 동사' 또는 'please + 동사' 형태로 표현하면 됩니다.

- **If possible,** I would like to attend the luncheon.
  가능하다면 오찬에 참석하고 싶습니다.

- **If possible,** please complete the attached form by Friday.
  가능하다면 금요일까지 첨부된 양식을 작성하시길 바랍니다.

9

자신만의 문장을 만들어보세요.

If possible, ...

패턴 7
"기쁩니다"

좋은 소식을 전할 때 그것에 대한 기쁨을 표현하는 방식에는 여러 가지가 있습니다. 이미 생긴 일을 언급하기도 하고 향후 있을 일에 대해 말하기도 하죠. 패턴 속에는 happy와 pleased, glad 같은 기쁜 감정을 나타내는 형용사나 pleasure 같은 명사가 등장합니다.

∼하게 되어 기쁩니다

I am/We are pleased to + 동사

'기쁜'이란 뜻의 형용사 pleased를 사용한 패턴으로, to 뒤에는 하게 되어 기쁜 일이 동사형으로 들어갑니다. 회사나 팀을 대표해 쓸 때는 주어로 I 대신 We를 사용할 수 있죠.

- **I am pleased to** hear that you'll be visiting us in February.
  2월에 저희를 방문하신다는 말을 듣게 되어 기쁩니다.

- **We are pleased to** inform you that we are able to accommodate your request.
  저희가 그쪽 요청을 수용할 수 있다는 것을 알리게 되어 기쁩니다.

10

자신만의 문장을 만들어보세요.

> I am/We are pleased to _____

∼하게 되어 기쁩니다

I am/We are happy to + 동사

pleased 대신 조금 더 캐주얼한 단어 happy를 사용할 수도 있습니다.

- **I am happy to** say my boss really liked your presentation.
  제 상사가 당신 프레젠테이션을 정말 좋아하셨다는 말씀을 드리게 되어 기쁩니다.

- **We are happy to** be able to accept your new price.
  그쪽의 새로운 가격을 수락할 수 있게 되어 기쁩니다.

11

자신만의 문장을 만들어보세요.

I am/We are happy to

〜하게 되어 기쁘게 생각합니다

It is my/our pleasure to + 동사

It is로 시작해서 to 뒤에 동사형을 사용하는 격식을 갖춘 패턴입니다.

- **It is my pleasure to** accept the invitation to speak at the workshop.
  워크숍 연설 요청을 수락하게 되어 기쁘게 생각합니다.

- **It is our pleasure to** announce the launch of our newest XT model.
  당사의 최신 XT 모델의 출시를 알리게 되어 기쁘게 생각합니다.

12

자신만의 문장을 만들어보세요.

It is my/our pleasure to

기꺼이 〜하겠습니다

It would be my/our pleasure to + 동사

뭔가를 기꺼이 하겠다고 알릴 때 격식을 차려 쓸 수 있는 패턴입니다. It is를 쓰는 것보다 It would be를 쓰면 더 격식 있는 느낌을 낼 수 있죠.

- **It would be my pleasure to** pick you up at the hotel.
  제가 기꺼이 호텔로 모시러 가겠습니다.

- **It would be our pleasure to** visit you in Florida.
  저희가 기꺼이 플로리다로 방문하러 가겠습니다.

13

자신만의 문장을 만들어보세요.

It would be my/our pleasure to

**기꺼이
~하겠습니다**

I/We would be glad to + 동사

glad라는 형용사가 들어가는 패턴을 쓰는 방식도 있습니다.

- **I would be glad to** forward you the results.
  결과를 기꺼이 전달해 드리겠습니다.

- **We would be glad to** work with your consultants.
  그쪽 컨설턴트들과 기꺼이 함께 일하겠습니다.

자신만의 문장을 만들어보세요.

I/We would be glad to ....

패턴 8
"〜대로"

전에 있었던 어떤 설명이나 논의, 요청 등을 언급하기에 안성맞춤인 패턴입니다. '〜대로'를 뜻하는 as를 활용한 표현이죠.

〜가 언급한 대로

As + 주어 + mentioned

As 다음에는 주어가 들어가고 mentioned 뒤에는 그 인물의 발언을 반영한 동의나 조치를 넣습니다.

- **As I mentioned** during our meeting, we need to think seriously about the timing.
  제가 회의 때 말씀드린 대로, 타이밍을 진지하게 생각해봐야 합니다.

- **As you mentioned**, labor is a major cost item.
  당신이 언급한 대로, 인건비가 큰 비용 항목입니다.

자신만의 문장을 만들어보세요.

> As ＿＿＿＿＿ mentioned ＿＿＿＿＿＿＿＿＿＿＿＿＿＿＿＿

〜가 요청한 대로

As + 주어 + requested

requested 뒤에는 주어로 명시된 인물의 요청을 반영한 조치를 넣습니다.

- **As you requested**, I'm forwarding the new spreadsheet.
  당신이 요청한 대로, 새로운 스프레드시트를 전달해 드립니다.

- **As Director Parkins requested**, we are currently adjusting the schedule.
  Parkins 이사님이 요청한 대로, 현재 저희는 일정을 조절하는 중입니다.

자신만의 문장을 만들어보세요.

> As ＿＿＿＿＿ requested ＿＿＿＿＿＿＿＿＿＿＿＿＿＿＿＿

우리가
논의한 대로

As we discussed

As we discussed 다음에는 나와 상대방의 논의를 반영한 내용이 따릅니다.

- **As we discussed**, the contract signing will be on August 2.
  우리가 논의한 대로, 계약 체결은 8월 2일에 있습니다.

- **As we discussed** yesterday, Betty Miles is taking over for Linda.
  어제 우리가 논의한 대로, Betty Miles가 Linda의 일을 맡게 됩니다.

자신만의 문장을 만들어보세요.

> As we discussed ⋯⋯⋯⋯⋯⋯⋯⋯⋯⋯⋯⋯⋯⋯⋯⋯⋯⋯⋯⋯⋯⋯⋯⋯⋯⋯⋯⋯⋯

~한 대로 /
~한 것처럼

As

앞에 나온 표현뿐 아니라 As를 사용해 광범위한 패턴을 만들 수 있습니다. As 뒤에는
'주어 + 동사'의 절이 올 수도 있고, 분사 형태가 올 수도 있습니다.

- **As** Jay said today, we still don't have the go-ahead from our boss.
  오늘 Jay가 말한 것처럼, 아직도 저희 상사의 승인을 받지 못했어요.

- **As** pointed out in my last email, the deadline cannot be changed.
  제 마지막 이메일에서 지적한 대로, 기한은 바꿀 수가 없습니다.

자신만의 문장을 만들어보세요.

> As ⋯⋯⋯⋯⋯⋯⋯⋯⋯⋯⋯⋯⋯⋯⋯⋯⋯⋯⋯⋯⋯⋯⋯⋯⋯⋯⋯⋯⋯⋯⋯⋯⋯⋯⋯⋯⋯⋯⋯

패턴 9
"축하합니다"

축하를 전하는 이메일은 작성자도 수신자도 기분이 좋을 수밖에 없습니다. 보통 Congratulations로 시작하는 짧은 축하 메시지를 보내는 게 일반적이지만, 격식을 차릴 때는 문장이 길어지기도 합니다.

축하드립니다

Congratulations

Congratulations는 축하할 때 쓰는 가장 기본적인 표현입니다. 이메일 제목으로도 훌륭한 표현이죠.

- **Congratulations.** Your application has been approved.
  축하드립니다. 당신의 신청서가 승인을 받았습니다.

- **Congratulations!** What a great news.
  축하드립니다! 정말 좋은 소식입니다.

19

자신만의 문장을 만들어보세요.

> Congratulations

〜를 축하드립니다

Congratulations on

상대방의 승진, 업무 성과 등 축하하는 일을 on 뒤에 붙여서 언급할 수도 있습니다.

- **Congratulations on** your promotion.
  승진을 축하드립니다.

- **Congratulations on** making the list!
  리스트에 오른 것을 축하드립니다!

20

자신만의 문장을 만들어보세요.

> Congratulations on

**~를 축하드리고
싶습니다**

I/We would like to congratulate you on + 명사

앞에 나온 Congratulations on보다 조금 더 격식을 차린 패턴입니다. 상황에 따라 주어로 I 대신 We를 쓸 수도 있으며, on 뒤에는 축하하는 내용을 넣습니다.

· **I would like to congratulate you on** your promotion to general manager.
당신의 실장 승진을 축하드립니다.

· **We would like to congratulate you on** the success of the project.
프로젝트 성공을 축하드립니다.

자신만의 문장을 만들어보세요.

I/We would like to congratulate you on ....

**~에게
축하드립니다**

Congratulations to + 명사

Congratulations에 to를 붙인 후 뒤에 축하의 대상인 사람들을 넣기도 합니다.

· **Congratulations to** you and your team.
당신과 팀에게 축하드립니다.

· **Congratulations to** everyone there!
그곳에 있는 모두에게 축하드립니다!

자신만의 문장을 만들어보세요.

Congratulations to ....

패턴 10
"～해주십시오"

여기서는 Please를 비롯해서 뭔가를 확실히 요청할 때 쓰는 정중한 표현들을 소개합니다.

～해주십시오

Please + 동사

뭔가를 확실하게 요청할 때는 Please를 쓰는 것이 가장 적합합니다. 뒤에는 바로 동사가 오죠.

- **Please** let me know how you want to handle the problem.
  이 문제를 어떻게 처리하고 싶은지 알려주십시오.

- **Please** take care of the problem ASAP.
  최대한 빨리 문제를 해결해주십시오.

자신만의 문장을 만들어보세요.

> Please ....

**～하기를
당부합니다**

I/We ask that you + 동사

'부탁하다'라는 뜻의 동사 ask를 사용해 당부하는 표현을 만들 수도 있습니다. 상대방이 했으면 하는 행동을 you 뒤에 동사원형 형태로 붙입니다.

- **I ask that you** remind the supplier to expedite the order.
  납품업체에게 서둘러서 주문품을 보내라고 상기시키기를 당부합니다.

- **We ask that you** reconsider your decision.
  당신의 결정을 재고해주시기를 당부합니다.

자신만의 문장을 만들어보세요.

> I/We ask that you ....

~하기를
요청합니다

I/We request that + 주어 + 동사

아예 '요청하다'를 뜻하는 동사 request를 넣어서 단도직입적인 요청 표현을 만드는
방법도 있습니다. that 뒤에는 '주어 + 동사원형' 형태로 요청 사항을 표현합니다.

- **I request that** your office send us a larger sample.
  귀사가 더 큰 견본을 저희에게 보내주시기를 요청합니다.

- **We request that** the MOU be executed by the end of the month.
  이번 달 말까지 MOU(양해 각서)가 체결되기를 요청합니다.

25

자신만의 문장을 만들어보세요.

> I/We request that ....

26

각각 제시된 상황을 바탕으로, 주어진 패턴을 사용해서 문장을 만들어보세요.   ▶정답 187p

1   You want the reader to come by your office next week.
수신자가 다음 주에 내 사무실에 들렀으면 한다.

➡ Could you ....?

2   You want to meet the client after the industry seminar in March.
3월 산업 세미나 후에 클라이언트와 만나기를 원한다.

➡ Could we ....?

3   Ask your boss if you could take next week off.
상사에게 다음 주에 휴가를 내도 되는지 물어본다.

➡ Would you mind if I ....?

4   You want this person to stop calling you every day.
수신자가 내게 매일 전화를 하지 않기를 원한다.

➡ If possible, ...:

5 Tell a candidate that she's accepted as an intern.

지원자를 인턴으로 받겠다고 말해준다.

➡ We are pleased to _____:

6 Announce that Ms. Janet Lee is the new vice president of marketing.

Janet Lee 씨가 마케팅의 새로운 부사장이라고 공지한다.

➡ It is our pleasure to _____:

7 You're accepting an invitation to speak at TED Seoul.

TED 서울 발표자가 되겠다고 수락한다.

➡ It would be my pleasure to _____:

8 Yes, as this person mentioned, the sales have dropped this quarter.

수신자가 언급했듯이 이번 분기에 매출이 떨어진 게 맞다.

➡ As _____ mentioned, _____:

9 You're confirming that the items this person ordered are being shipped today.

수신자가 주문한 물품이 오늘 배송된다는 것을 확인해준다.

➡ As we discussed, _____:

10 Your colleague just got a promotion.

동료가 얼마 전에 승진했다.

➡ Congratulations on _____:

11 Ask this person to send you a full report by tomorrow afternoon.

수신자에게 내일 오후까지 전체 보고서를 보내달라고 한다.

➡ Please _____:

DAY
13

문장 활용하기 1

핵심강의 13

Focus On

오늘 배울 핵심 주제입니다

의견 교환하기
동의 또는 반대하기

Find Out

시작하기 전에 생각해보세요.

의견을 묻는 패턴은 가능한 한 많이 알아두는 것이 좋은가
의견을 제시할 때 어떤 경우에 완곡한 표현을 쓰는가
동의할 때는 간단하게 표현해도 괜찮은가
부분적으로 동의할 때 어떤 접속사를 쓰면 좋은가
동의하지 않을 때는 어떤 단어를 쓰면 효과적인가
동의하지 않더라도 상대방의 입장을 이해하는 표현을 쓰는 게 좋은가

의견
교환하기

비즈니스를 할 때 구두상으로 전화나 회의, 프레젠테이션, 협상 등에서 서로에게 의견을 묻거나 제시할 일이 많습니다. 이메일이나 제안서, 보고서 같은 비즈니스 문서에서도 마찬가지입니다. 정보 요청과 더불어 상대의 의견을 묻거나 내 의견을 제시하는 것이 매일 주고받는 이메일의 용건 중 상당 부분을 차지하지 않을까 합니다.

**상대방에게
의견 묻기**

이메일로 의견을 물을 때 자주 쓰는 패턴을 몇 가지 살펴보겠습니다. 패턴마다 예시 문장을 하나씩 제시했습니다. 사람마다 선호하는 패턴이 있기 마련이니 마음에 드는 몇 가지 패턴을 메모해뒀다 사용하면 좋습니다.

특정 상황에 대한 질문

먼저 '~에 대해 어떻게 생각하세요?'를 묻는 방식의 질문입니다. (저는 개인적으로 What are your thoughts on ...을 자주 사용하는 편입니다.)

What do you think about ...? (~에 대해 어떻게 생각하세요?)

- **What do you think about** Joe's comments during the meeting?
  회의 때 Joe의 발언에 대해 어떻게 생각하세요?

What are your thoughts on ...? (~에 대해 어떻게 생각하세요?)

- **What are your thoughts on** Perry Avery's email?
  Perry Avery의 이메일에 대해 어떻게 생각하세요?

What's your opinion on ...? (~에 대해 어떻게 생각하세요?)

- **What's your opinion on** this?
  이에 대해 어떻게 생각하세요?

선호하는 것에 대한 질문

이번에는 특정 상황에서 맞는 선택이나 취해야 할 행동에 대한 의견, 또는 선호하는 것에 대해 물을 때 쓸 수 있는 패턴입니다. 의문사 What이 들어가는 패턴이죠. 참고로 '사람'에 대한 질문은 What 대신 Who, '장소'에 대한 질문은 What 대신 Where로 바꿔서 쓰면 됩니다.

What do you think is …? (~가 무엇이라고 생각하세요?)

· **What do you think is** the best color for the doors?
    문들에 가장 어울리는 색이 무엇이라고 생각하세요?

In your opinion, what is …? (당신 생각에 ~가 무엇입니까?)

· **In your opinion, what is** our best course of action?
    당신 생각에 우리의 최선의 조치가 무엇입니까?

What is …? (~가 무엇일까요?)

· **What is** the best way to hire an employee?
    직원을 채용하는 가장 좋은 방법이 무엇일까요?

의견 제시하기

상대방과의 관계나 질문 자체의 민감성과 중요성, 그리고 나의 선호도나 확신에 따라 제시하는 의견의 어조가 직설적이거나 완곡하거나 확신에 찰 수 있습니다.

직설적인 의견

의견을 제시할 때 가장 일반적인 형태로, 단도직입적으로 내가 생각하는 것을 말할 때 좋은 패턴입니다.

I think (that) … (~라고 생각합니다)

· **I think that** Thomas is the right person.
    Thomas가 적임자라고 생각합니다.

I'd say (that) … (~라고 생각합니다)

· **I'd say that** it's just a rumor.
    그냥 헛소문일 거라고 생각합니다.

In my opinion, … (제 의견으로는 ~)

· **In my opinion,** Jeff should talk to the lawyers.
    제 의견으로는 Jeff가 그 변호사들과 얘기해봐야 한다고 봅니다.

To me, … (제가 보기에 ~)

· **To me,** design isn't as important as the location.
    제가 보기에, 디자인은 위치보다 중요하지 않습니다.

확신에 찬 의견

때로는 더욱 강하게 내 의견을 제시하는 경우도 있는데, 그럴 때는 아래와 같은 패턴이 유용합니다.

Frankly, … (솔직히 말해서 ~)

· **Frankly,** I seriously doubt it.
솔직히 말해서 절대 아닌 것 같아요.

I'm convinced (that) … (~라고 확신합니다)

· **I'm convinced that** this proposal is not right for us.
이 제안서는 우리에게는 맞지 않다고 **확신합니다.**

It's obvious (that) … (~라는 것이 명백합니다)

· **It's obvious that** they don't want to sign the contract.
그들이 계약을 체결하고 싶어 하지 않는다는 것이 **명백합니다.**

완곡한 의견

상대방이 상사나 고객 등 특히 주의가 필요한 관계라면 의견을 제시할 때 좀 더 신중해야 할 겁니다. 따라서 문장 자체가 더 길어지고 tend to(~하는 경향이 있다)나 would(~일 것이다) 등의 우회적인 표현이 불가피해지기도 합니다.

I tend to think (that) … (저는 ~라고 생각하는 편입니다)

· **I tend to think that** Team 3 would be the right choice.
3팀이 올바른 선택일 거라고 **생각하는 편입니다.**

It would seem to me (that) … (~라는 생각이 듭니다)

· **It would seem to me that** we already have a solution.
우리는 이미 해결책이 있다는 **생각이 듭니다.**

I would suggest (that) … (저는 ~하기를 권하겠습니다)

· **I would suggest that** we double-check everything.
저는 모든 걸 재확인하기를 **권하겠습니다.**

1

'최고'나 '가장'과 관련된 다음 질문에 3가지 어조로 의견을 제시해보세요.　　▶정답 188p

1　In your opinion, what coffee franchise has the best coffee in Korea?

당신 생각에, 한국에서 가장 맛있는 커피를 자랑하는 커피 프랜차이즈는 어디입니까?

답변 1　직설적인 의견

I think _____ has the best coffee in Korea.

답변 2　완곡한 의견

답변 3　확신에 찬 의견

2　Who is the best CEO of an American high-tech company?

미국 첨단 기술 회사 CEO 중 누가 최고일까요?

답변 1　직설적인 의견

답변 2　완곡한 의견

답변 3　확신에 찬 의견

3　What do you think is the best clothing brand in the world?

세계 최고의 의류 브랜드가 무엇이라고 생각하세요?

답변 1　직설적인 의견

답변 2　완곡한 의견

답변 3　확신에 찬 의견

----

4 What is the hardest part about writing emails in English?

영어로 이메일을 쓸 때 가장 어려운 부분이 무엇일까요?

답변 1 직설적인 의견

답변 2 완곡한 의견

답변 3 확신에 찬 의견

----

5 What is the best non-fiction English-language book in history?

역사상 영어로 된 최고의 논픽션 책은 무엇일까요?

답변 1 직설적인 의견

답변 2 완곡한 의견

답변 3 확신에 찬 의견

동의 또는
반대하기

동의하기

한 문장으로 동의하기

상대방이 견해를 밝히거나 제의를 했을 때 동의하는 경우, 추가할 의견이 없고 그저 동의만 한다면 한 문장으로 간단히 표현해도 족합니다.

간단한 동의 표현

- **That's a good point.**
  좋은 지적입니다.

- **You're right.**
  맞아요.

- **I agree.**
  동의합니다.

- **I think so, too.**
  저도 그렇게 생각해요.

전적인 동의 표현

- **For sure!**
  그럼요!

- **Absolutely!**
  맞아요!

- **I totally agree.**
  전적으로 동의합니다.

- **I couldn't agree more.**
  전적으로 동의합니다.

내용 추가하기

동의 표현 뒤에 내가 동의하는 이유나 추가 의견을 덧붙인다면 더 좋습니다.

- I think so, too. **We should** meet her right away.
  저도 그렇게 생각해요. 얼른 그녀와 만나**야 합니다.**

- Like you said, orange is too bright. **And I think** it's too common.
  말씀처럼, 오렌지색은 너무 밝아요. 그리고 너무 흔하기도 하다고 **생각됩니다.**

- Absolutely! **I always thought so.**
  맞아요! 저는 늘 그렇게 생각했어요.

부분적으로 동의하기

상대방의 제의에 대해 전부는 아니지만 부분적으로 동의하는 경우도 있죠. 이때는 일단 동의한다는 뜻을 앞에 언급한 후 but을 붙여서 내가 우려하는 요소에 대해 추가하면 됩니다.

That makes sense, but ... (말이 됩니다만, ~)

· **That makes sense, but** the sales have been slow.
  말이 **됩니다만**, 판매가 지지부진해서요.

I agree ..., but ... (~는 동의하지만 ~)

· **I agree** that the color should be changed, **but** blue might be a bit strong.
  색깔이 바뀌어야 하다는 건 **동의하지만** 청색은 좀 강할 수도 있습니다.

You have a good point about ..., but ... (~에 대해 좋은 지적을 해주셨는데 ~)

· **You have a good point about** the schedule, **but** we can't control it.
  일정에 대해 **좋은 지적을 해주셨는데** 우리가 통제할 수 있는 게 아닙니다.

동의하지 않기

의견 불일치 표현하기

상대방의 의견에 동의할 수 없다면 의견이 다르다는 것을 확실히 표현하는 것이 물론 맞습니다. 단, 대부분의 경우에는 우회적으로 반대의 뜻을 표현하는 것이 더 바람직합니다.

우회적인 반대 표현

· I'm not sure about that.
  그게 맞을까 모르겠네요.

· I can't say I agree with you.
  동의한다고 할 수 없습니다.

· I don't see it that way.
  전 그렇게 생각하지 않습니다.

· I'm inclined to disagree.
  전 반대로 기우는 것 같습니다.

또는 probably(아마), might be(~일지도 모른다), kind of(좀), could(~할 수도 있다) 등 완곡함을 나타내는 표현을 끼워 넣는 것도 좋은 방법입니다.

우회적인 단어 및 구

- It's **probably** not a good idea to call him this week.
  아마 이번 주에 그에게 전화하는 건 좋은 생각이 아닐 겁니다.

- That **might be kind of** difficult.
  그건 좀 힘들 수도 있습니다.

- Doing that **could** cause problems.
  그렇게 하면 문제가 생길 수도 있을 것 같은데요.

상대방의 의견에 확실하게 반대해야 할 때는 아래 표현들을 참고하세요.

확실한 반대 표현

- I disagree.
  동의하지 않습니다.

- I can't agree with that.
  동의 못 합니다.

- I don't think so.
  전 그렇게 생각하지 않습니다.

- I have to disagree.
  동의할 수 없습니다.

상대방의 입장을 인지한 후 반대하기

무작정 반대하기보다는 상대방의 입장을 충분히 인지하고 있다는 표현을 앞 부분에 먼저 언급한 후, but 뒤에 내가 꺼리거나 반대하는 이유를 추가하면 더 좋습니다. 그만큼 반대의 충격을 줄일 수 있는 동시에 내 의견까지 덧붙이는 효과를 낼 수 있기 때문이죠.

I see what you mean, but ... (무슨 뜻인지 알겠지만 ~)

· **I see what you mean, but** that method is unproven.
무슨 뜻인지 알겠지만 그 방법은 검증되지 않았습니다.

I see your point, but ... (무슨 말인지는 알겠지만 ~)

· **I see your point, but** Sara is not an engineer.
무슨 말인지는 알겠지만 Sara는 엔지니어가 아니잖아요.

I see where you're coming from, but ... (왜 그런 말을 하는지는 알겠지만 ~)

· **I see where you're coming from, but** our team is too busy right now.
왜 그런 말을 하는지는 알겠지만, 저희 팀이 지금 당장은 너무 바빠서요.

감정적인 표현은 금물이다

상대방의 의견에 반대를 표해야 할 때는 어떤 표현을 사용해야 할지 신중하게 고려해서 이메일을 작성해야 합니다. 특히 감정이 상한 나머지, 반대 의견이 담긴 답변 이메일을 서둘러 작성해 바로 보내기send 버튼을 누른다면 수습하기 불가한 상황이 벌어지고 맙니다. 이미 인터넷 세상으로 나간 글은 다시 주워 담지 못하고 영원히 데이터로 남습니다. 반대 입장일 때는 표현을 신중하게 고르고 한 번 더 생각한 다음 이메일을 보내야 하는 까닭입니다.

2

다음 의견에 대해 3가지 방법으로 답변해보세요.   ▶정답 189p

1   I think everyone should place a glass on their desk.
모든 사람들이 책상에 유리를 깔면 좋을 거라 생각합니다.

답변 1   간단한 동의

I think so, too.

답변 2   부분적 동의

I agree that's a good idea, but it might be

답변 3   상대방의 입장 인지 + 반대 의견

I see your point, but

2   In my opinion, offline shopping is better than online shopping.
제 의견으로는 오프라인 쇼핑이 온라인 쇼핑보다 더 낫습니다.

답변 1   간단한 동의

답변 2   부분적 동의

답변 3   상대방의 입장 인지 + 반대 의견

3   To me, tablet PCs are a waste of money.
제가 보기에, 태블릿 PC는 돈 낭비입니다.

답변 1   간단한 동의

답변 2   부분적 동의

답변 3   상대방의 입장 인지 + 반대 의견

4 Frankly, foreign luxury cars are way too expensive.
솔직히 말해서 고급 외제차는 정말이지 너무 비쌉니다.

답변 1 간단한 동의

- -

답변 2 부분적 동의

- -

답변 3 상대방의 입장 인지 + 반대 의견

- -

5 I'm convinced that the board should reject the offer.
이사회가 그 제안을 거절해야 한다는 게 명백합니다.

답변 1 간단한 동의

- -

답변 2 부분적 동의

- -

답변 3 상대방의 입장 인지 + 반대 의견

- -

DAY
14

문장
활용하기 2

핵심강의 14

Focus On

오늘 배울 핵심 주제입니다

제의하고 수락하고 거절하기
요청하고 답변하기

Find Out

시작하기 전에 생각해보세요.

비즈니스 현장에서 사람들은 어떤 제의를 자주 하는가
제의는 도입부에서 하는 게 좋은가, 본문에서 하는 게 좋은가
제의를 거절할 때는 상대방의 입장에 대한 이해를 표현해야 하는가
중대한 주제가 담긴 요청에서 would와 could라는 단어가 유용한가
요청을 거절할 때 이유는 문장 앞에 붙이는가, 뒤에 붙이는가

제의하고
수락하고 거절하기

제의하기

누군가와 납품 가격, 일정, 프로젝트 범위 등을 협상하는 일이 아니더라도, 비즈니스 현장에서는 일상적으로 뭔가를 작게나마 제의하는 경우가 잦습니다. 이를테면 회의 시간을 바꾸자든지, 적임자를 추천한다든지, 내일 만나자든지 하는 등의 일상적인 제의처럼 말입니다. 따라서 제의와 관련된 표현은 이메일에서도 필수적이죠.

도입부에서 언급한다

상대방이 부담 없이 수락할 만한 간단한 제의는 이메일 도입부에서 바로 언급하면 됩니다. 첫 번째 또는 두 번째 문장이 될 수 있죠.

> **I'm writing to ask if ...** (~한지 묻기 위해 이메일을 드립니다)
>
> · **I'm writing to ask if** we could meet tomorrow.
> 내일 만날 수 있는지 묻기 위해 이메일을 드립니다.

> **I'd like to suggest ...** (~를 제안하고 싶습니다)
>
> · **I'd like to suggest** a solution to the Colors Korea issue.
> Colors Korea사 문제에 대한 해결책을 제안하고 싶습니다.

> **Regarding ..., maybe we should ...** (~에 관해, ~하면 좋을 것 같습니다)
>
> · **Regarding** the budget, **maybe we should** hold off on discussing it.
> 예산에 관해, 논의를 미루면 좋을 것 같습니다.

일상적인 제의

매일같이 하는 업무에 속한 내용을 제의할 때는 편안한 어조를 쓰면 됩니다. 본격적으로 제의하기 전에 다음과 같은 문장으로 운을 뗄 수 있습니다.

> · I'd like to offer a suggestion.
> 제의를 하나 하고 싶습니다.

> · Here's what I think we should do.
> 저는 우리가 이렇게 해야 한다고 봅니다.

> · How about this?
> 이건 어떨까요?

> · Here's my suggestion.
> 제가 제의하는 건 이겁니다.

구체적인 내용을 제의할 때는 다음과 같은 패턴을 사용할 수 있습니다.

Let's … (~합시다)

· **Let's** just go with 5 o'clock.
  그냥 5시로 합시다.

Why don't you …? (~하는 게 어떻겠습니까?)

· **Why don't you** start over?
  처음부터 다시 시작하는 게 어떻겠습니까?

Why don't we …? (우리가 ~하는 게 어떻겠습니까?)

· **Why don't we** go visit the plant in Ochang?
  우리가 오창에 있는 공장을 방문하는 게 어떻겠습니까?

Maybe we/you **should …** (~하는 게 좋을 것 같습니다)

· **Maybe** we **should** consider other alternatives.
  다른 대안을 고려하는 게 좋을 것 같습니다.

What do you say …? (~ 어떨까요?)

· **What do you say** we skip lunch?
  점심은 거르는 게 어떨까요?

중대한 제의

때로는 중대한 쟁점에 대해 제의를 하는 경우가 생기죠. 이때는 문장이 더 길어지고 표현도 정중해지는 편입니다.

I would suggest (that) … (저는 ~하기를 권하겠습니다.)

· **I would suggest that** we ask for a meeting ASAP.
  저는 최대한 빨리 만나자고 요청하기를 권하겠습니다.

It might be a good idea to … (~하는 것이 좋은 생각일 수 있습니다.)

· **It might be a good idea to** increase the R&D budget.
  R&D 예산을 늘리는 것이 좋은 생각일 수 있습니다.

What do you think about -ing? (~하는 게 어떻겠습니까?)

· **What do you think about** meeting in Singapore instead of Seoul?
  서울 대신 싱가포르에서 만나는 게 어떻겠습니까?

If I may make a suggestion, ... (제가 제의를 하나 하자면 ~)

· **If I may make a suggestion,** Parsons Semiconductor might fit the bill.
제가 제의를 하나 하자면, Parsons 반도체사가 적격일 수도 있습니다.

제의 수락하기

일상적인 제의를 수락하는 표현은 아주 간단해도 됩니다. 그저 okay를 하는 식이니까요.

· That's a good idea. 좋은 생각입니다.

· Okay. That sounds good. 좋아요. 그게 좋겠네요.

· Let's go with that. 그렇게 하죠.

· Tomorrow **is fine with me.** 전 내일 괜찮습니다.

제의 거절하기

제의를 거절할 때는 상대방의 기분을 감안하여 더 신중하게 표현해야 합니다. 가장 좋은 방법은 제의에 대한 감사의 뜻을 밝히거나 상대방의 입장에 대한 이해를 밝히는 등 긍정적으로 시작하는 겁니다. 그 뒤에 but과 함께 거절 표현을 하면 됩니다.

Thanks for the ..., but ... (~는 고맙지만, ~)

· **Thanks for the** suggestion, **but** we've already booked a conference room in Seoul.
제안은 **고맙지만**, 저희는 이미 서울에 회의실을 예약했습니다.

That's ... idea, but ... (~한 생각이지만, ~)

· **That's** an interesting **idea, but** I'm not sure this is a good time to increase the budget.
흥미로운 **생각이지만**, 지금이 예산을 늘리기에 좋은 시기인지 잘 모르겠습니다.

아래와 같이 판단이 깔리거나 감정이 실린 표현은 무조건 삼갑니다.

X That's a silly idea.
그거 엉뚱한 생각이네요.

X That doesn't make any sense.
그건 앞뒤가 맞지 않습니다.

X Are you serious?
농담하는 건가요?

다음 지시문에 따라 적절한 문장을 만들어보세요.   ▶정답 190p

1   Suggest having lunch together tomorrow afternoon

내일 오후에 점심 같이 먹자고 제의하기

Let's ---

2   Suggest buying a new laptop

새로운 노트북 컴퓨터를 사라고 제의하기

----

3   Suggest making another copy of the report

보고서 사본 하나 더 만들라고 제의하기

----

4   Suggest walking to the office every morning

매일 아침마다 사무실로 걸어오라고 제의하기

----

5   Suggest inviting Tina Marshall to the conference in England

영국에서 개최되는 총회에 Tina Marshall을 초대하라고 제의하기

▶정답 190p

2

다음 제의에 대해 수락하거나 거절하는 문장을 각각 만들어보세요.

1   Why don't you take business English classes at a hakwon?
학원에서 비즈니스 영어 수업을 듣는 게 어떻겠습니까?

답변 1   수락하기

That's a _____

답변 2   거절하기

Thanks for the advice, but _____

2   Let's recheck the numbers on the proposal before we send it.
제안서를 보내기 전에 숫자들을 다시 한번 검토합시다.

답변 1   수락하기

_____

답변 2   거절하기

_____

3   Maybe we should allow Jane to hire more temporary designers.
Jane이 임시직 디자이너들을 더 채용하도록 허용하는 게 좋을 수도 있습니다.

답변 1   수락하기

_____

답변 2   거절하기

_____

요청하고
답변하기

요청하기

첫 문장에 단도직입적으로 요청한다

내가 무언가를 요청한다는 사실은 도입부 첫 번째나 두 번째 문장에 넣는 것이 좋습니다. 특히 어려운 부탁을 할 때 도입부에서 불필요하게 장황한 설명을 늘어놓는 경향이 있는데, 이는 그저 시간 낭비일 뿐입니다. 단도직입적으로 요청할 때는 아래와 같은 패턴이 유용합니다.

I'm writing to request ... (~를 요청하기 위해 이메일을 드립니다)
- **I'm writing to request** a quote.
  견적서를 요청하기 위해 이메일을 드립니다.

I need to ask ... (~ 요청 드리려고 합니다)
- **I need to ask** a favor.
  부탁 하나 드리려고 합니다.

요청하는 이메일에는 상대방이 수용 결정을 하기 위해 필요한 모든 내용을 넣어야 합니다. 그렇다고 해서 본문에서도 장황한 설명을 늘어놓아서는 안 됩니다. 최대한 간결하게 내용을 작성해야 하죠. 그러기 위해 쓴 글을 여러 번 읽으면서 수정하고 불필요한 부분은 삭제합니다.

일상적인 요청

간단한 요청은 단도직입적이지만 정중하게 하면 됩니다. 표현은 아래 같은 패턴을 사용해 간결하게 쓰되, 요청 사항은 구체적으로 적습니다.

Can I ...? (~할 수 있을까요?)
- **Can I** borrow your color chart for a few days?
  당신의 컬러 차트를 며칠 빌릴 수 있을까요?

Please ... (~하길 바랍니다)
- **Please** forward me the two photos by this Thursday.
  이번 주 목요일까지 그 두 사진을 보내주길 바랍니다.

Could you ...? (~해주시겠어요?)
- **Could you** send me the latest spreadsheet on the Mayfield project?
  Mayfield 프로젝트의 가장 최근 스프레드시트를 보내주시겠어요?

중대한 주제에 대한 요청

부탁이나 요청이 일상적이지 않고 다소 특별하다면, 요청이 담긴 문장은 완곡해지고 길어지기 마련입니다. 단어 would나 could를 활용할 수 있죠. 주의할 것은 표현이 권위적이거나 명령처럼 들리는 것을 피해야 한다는 점입니다.

Would it be possible to …? (~하는 것이 가능할까요?)

· **Would it be possible to** get a recommendation letter?
추천서를 받는 것이 가능할까요?

Do you think you could …? (~하실 수 있을까요?)

· **Do you think you could** ask your boss for me?
저 대신 당신 상사에게 물어보실 수 있을까요?

Would you mind -ing? (~해주시겠어요?)

· **Would you mind** working on Sunday?
일요일에 출근해주시겠어요?

Would you mind if I …? (제가 ~해도 괜찮겠습니까?)

· **Would you mind if I** used the large meeting room on Tuesday?
제가 화요일에 큰 회의실을 사용해도 괜찮겠습니까?

맺음말

요청하는 이메일에서 맺음말은 짧고 친근감 있고 긍정적인 문장으로 마무리합니다. 다음과 같은 패턴을 사용해서 끝맺으면 좋습니다.

I look forward to … (~하기를 기대합니다)

· **I look forward to** getting the proposal soon.
제안서를 곧 받기를 기대합니다.

Have a great … (멋진 ~ 보내세요)

· **Have a great** weekend.
멋진 주말 보내세요.

요청 수용하기	상대방의 요청을 수용할 때는 긴 말이 필요 없습니다. 짧고 간단하게 긍정적인 의사를 밝히면 됩니다.

- **Sure.**
  그래요.

- **I'd be happy to.**
  기꺼이 해 드리겠습니다.

- **No problem.**
  그럼요.

- **I'm attaching the quote.**
  견적서를 첨부합니다.

요청 거절하기

요청을 거절하는 경우에는 문장이 좀 더 길어지게 됩니다. 앞부분에서 먼저 유감을 표한 후, 요청을 받아들일 수 없는 구체적인 이유를 답니다.

Sorry, but ... (유감이지만 ~)

- **Sorry, but** I don't have the file.
  유감이지만 저는 그 파일이 없어요.

Unfortunately, ... (아쉽지만 ~)

- **Unfortunately,** my manager is in China right now.
  아쉽지만 우리 부장님은 현재 중국에 계십니다.

I'm afraid ... (유감스럽게도 ~)

- **I'm afraid** that's confidential information.
  유감스럽게도 그건 기밀 정보입니다.

3

다음 요청에 대해 유감을 표현하면서 적절한 이유를 들어 거절해보세요. ▶정답 190p

1 Can I talk to you after work?
퇴근 후 얘기 좀 할 수 있을까요?

----

2 Is it possible for me to come by your office tomorrow?
내일 당신 사무실에 들리는 게 가능할까요?

----

3 Would you mind if I changed the meeting date to Monday?
제가 회의 날짜를 월요일로 바꿔도 괜찮겠습니까?

----

4 Could you write me a recommendation letter to an MBA program?
MBA 프로그램 추천서를 써주실 수 있나요?

----

5 Could I get the client's cell phone number?
클라이언트의 휴대폰 번호를 받을 수 있을까요?

----

6 Would you mind emailing me the Canada project file?
캐나다 프로젝트 파일을 이메일로 보내주시겠어요?

----

7 Do you think I could use your desk for a few hours?
당신 책상을 몇 시간만 쓸 수 있을까요?

----

8 Would it be possible for me to transfer to a different team?
제가 다른 팀으로 이동할 수 있을까요?

▶정답 191p

4 다음 상황을 참고해서 각각 이메일을 써보고 알맞은 제목도 넣어보세요.

1   Your team is planning to take a business trip to San Diego next month for three days. You want to stay at the Sunshine Beach Hotel, but the website doesn't mention any group discounts. Ask for a group discount for seven double rooms.

당신 팀은 다음 달에 사흘 동안 샌디에고 출장 계획이 있습니다. Sunshine Beach 호텔에 머물고 싶지만 해당 웹사이트는 단체 할인에 대한 언급이 없습니다. 더블룸 7개에 대한 단체 할인을 요청해보세요.

Subject

[blank email body]

SEND

2 Your company is interested in becoming the Korean distributor for a line of luxury reclining chairs made by R&R Chairs Company based in California. Your team would like to visit their headquarters next month to discuss the possibilities. Ask them if this is possible.

당신이 소속된 회사는 캘리포니아에 있는 **R&R Chairs**사의 럭셔리 안락의자 라인의 한국 유통업자가 되기를 원합니다. 당신 팀은 그 가능성을 논의하기 위해 그쪽 본사를 다음 달에 방문하고 싶습니다. 이것이 가능한지 요청해 보세요.

Subject

SEND

Answers

>>> 답안 중 일부는 정답이 아닌 참고용 예상 답변입니다.
상황에 따라 답이 다를 수 있으니 참고하여 여러분만의 답을 만들어보세요.

Day 01

1

1 Chronological Order / Process Sequence 연대순 / 절차순
2 Classification 분류
3 Cause and Effect 원인과 결과(인과 관계)
4 Comparison or Contrast 비교 또는 대조
5 Problem - Solution 문제 – 해결책
6 Beginning, Middle, and End 시작, 중간, 끝

Day 02

1 ● 정답이 아닌 예상 답변입니다.

1 My Thoughts on Your Design Ideas 당신의 디자인 아이디어에 대한 제 의견
2 New Prices for Our Proposal 저희 제안서의 새로운 가격
3 Need Info on Colors Korea Colors Korea사 관련 정보 필요해요
4 Changes in Schedule 일정 변경
5 Going on Vacation 휴가 갑니다

2 ● 정답이 아닌 예상 답변입니다.

1 Dear Prof.[Professor] Kim,
2 Dear Mr.[Ms.] Hwang,
3 Dear Dr.[Doctor] Lee,
4 Hi Kevin, (같은 어른끼리는 흔히 성 없이 이름만 씁니다.)
5 Dear Ms. Smith, (Mr./Ms. + 성)
6 Dear U.S. Embassy visa department:
7 Dear Assemblymember Lee:
8 Dear Mr. President: (여자 대통령일 경우 Dear Madam President:)
9 Dear KT/SKT/LG: (Dear + 통신회사 명칭)
10 Dear English Department: (Dear + 대학 학과 명칭)
11 Hi Mom,
12 Dear Mr. Smith,
13 Dear Kyobo online store:
14 Hi Joe, (같은 어른끼리는 흔히 성 없이 이름만 씁니다.)

3 ● 정답이 아닌 예상 답변입니다.

1 Sincerely,	2 Sincerely,	3 Sincerely,
4 Regards,	5 Sincerely yours,	6 Sincerely,
7 Sincerely yours,	8 Respectfully,	9 Sincerely,
10 Sincerely,	11 Love,	12 Sincerely,
13 Sincerely,	14 Best Regards,	

(4번, 11번, 14번은 캐주얼한 결구를 사용하며, 나머지는 공식적인 서신에 어울리는 결구를 사용하면 됩니다.)

Day 03

1

1 3 ways to join: 가입 방법 세 가지
- Visit the head office and pay your dues at the membership center
  본사를 찾아가서 회원 센터에서 회비를 납부
- Log onto the association's website and pay by credit card
  협회 웹사이트에 접속해서 신용카드로 납부
- Fill out the enclosed Membership Application form and mail it in with a check
  동봉된 회원 가입 신청서를 작성해서 수표와 함께 우편으로 보냄

2 To get to our factory: 우리 공장에 오는 방법
- Stay on Olive Street until reaching the four-way stop by the mall
  쇼핑몰 근처에 있는 교차로가 나올 때까지 Olive가를 계속 타고 감
- Make a left onto Stevens Boulevard and continue driving for a mile or so
  좌회전을 해서 Stevens대로로 진입한 후 약 1마일을 더 감
- Turn right at a split in the road by a purple warehouse
  보라색 창고 근처 갈림길에서 우회전 함

3 3 potential sites for the next store: 다음 매장이 위치할 후보 장소 세 곳
- The Gangnam Word Building near Gangnam Station
  강남역 근처에 있는 강남 월드 빌딩
- The Fortune Building near Coex
  코엑스 근처에 있는 포춘 빌딩
- The Good World Building in Insa-dong
  인사동에 있는 굿월드 빌딩

2 • 정답이 아닌 예상 답변입니다.

1 A quick question: Which advertising agency is making the presentation next Thursday?
간단한 질문 하나입니다: 다음 주 목요일에 어느 광고 대행사가 프레젠테이션을 하는 거죠?

2 I have a question. Why is Jeff Park going to Russia? Isn't he on the domestic sales team?
질문이 하나 있어요. 왜 Jeff Park가 러시아로 가는 거죠? 그분은 국내 영업팀 소속 아닌가요?

3 I'm taking my client out to dinner. Do you know a good restaurant?
제 클라이언트에게 저녁 식사 대접할 건데요. 괜찮은 식당 아는 곳 있으세요?

Day 04

1 • 정답이 아닌 예상 답변입니다.

1 On the drawings, I think the windows on the first floor and the doors to the main hall are quite small. In contrast, the windows on the top floor are too big. Let's make the changes before sending the final drawings to the owner.
도면상 1층에 있는 창문들과 본당으로 가는 문들이 꽤 작은 것 같네요. 반면에 꼭대기 층 창문들은 너무 큽니다. 최종 도면을 소유주에게 보내기 전에 수정합시다.

2 Thanks for asking my opinion on the San Diego project. But I don't have enough information on the scope. All I know is that it's an important project for us.
샌디에고 프로젝트에 관해 내 의견을 물어봐서 고마워요. 그런데 범위에 대해 충분한 정보가 없습니다. 그게 우리에게 중요한 프로젝트라는 것밖에 모르겠어요.

3 Frank, just ask for Charles Park, one of the loan officers, at the bank. I called him last week to help you with the paperwork.
Frank, 그저 은행에서 대출 담당 직원 중 한 명인 Charles Park를 찾아가세요. 당신이 서류 작성하는 걸 도와달라고 저번 주에 전화해놓았습니다.

2

1	later 나중에	**2**	everyone 모두들	**3**	if 만약
4	honest 정직한	**5**	soon 곧	**6**	respond 대답하다
7	recommend 추천하다	**8**	now 현재는	**9**	always 항상
10	I didn't know 몰랐다	**11**	soon 머지않아	**12**	round 둥근
13	consensus 의견 일치	**14**	because / since ～때문에	**15**	repeat 반복하다

3 ● 정답이 아닌 예상 답변입니다.

1 The well-dressed, Korean-American CEO walked onto the stage excitedly and spoke enthusiastically to the receptive, mostly-American company employees for thirty minutes.
옷을 잘 차려입은 한국계 미국인 CEO가 흥분하면서 무대에 오른 후, 수용적이고 거의 모두 미국인인 회사 직원들에게 30분 동안 열정적으로 연설했습니다.

2 As the devastating fire spread, it damaged the main building, the new building, and the cafeteria and forced hundreds of residents living near the office complex to evacuate and the firefighters to work through the night.
파괴적인 화재가 번지면서 본관과 신관, 그리고 구내식당을 손상시켰으며, 회사 단지 인근에 사는 주민들 수백 명을 대피하게 하고, 소방대원들을 밤새도록 작업하게 만들었습니다.

Day 05

1 ● 정답이 아닌 예상 답변입니다.

1 I'd be disappointed if you said no to the changes.
수정 사항을 거절하시면 전 꽤 실망스러울 겁니다.

2 As we discussed yesterday, I told the client today that we can't delay the project.
어제 저희가 논의한 것처럼, 프로젝트를 지연할 수 없다고 오늘 고객에게 이야기했습니다.

3 We think that the Osan factory should be automated.
우리는 오산 공장을 자동화하는 것이 맞다고 봅니다.

4 It might be a good idea to extend the deadline.
마감일을 연장하는 것이 좋은 생각일 듯합니다.

5 Anyone preferring green can say so now.
초록색을 선호하는 분은 지금 말하면 됩니다.

3

cats and dogs 값싸고 수상한 주식

EBITDA (Earnings before interests, taxes, depreciation and amortization)
에비타(이자, 법인세, 감가상각비 차감 전 영업 이익)

OLED (organic light emitting diode) 전계 발광 현상을 이용하여 스스로 빛을 내는 자체발광형 유기 물질

long tail 판매 인기도 그래프에서 얇은 꼬리같이 나타나는 비주류 상품이 주류 상품 판매량을 뛰어넘는다는 이론

benchmarking 타 회사의 운영 프로세스를 모델로 삼음

4 • 정답이 아닌 예상 답변입니다.

1   답변 1   Sure. I can do that.
네. 가능합니다.

답변 2   I don't think I can tomorrow. But I can do it on Wednesday.
내일은 안 될 듯합니다. 하지만 수요일에는 할 수 있습니다.

2   답변 1   That sounds good.
그거 좋네요.

답변 2   Actually the food's not that good there. Could we go some place else?
사실 거기 음식 맛이 그다지 좋지 않습니다. 다른 곳에 갈 수 있을까요?

3   답변 1   That's a good idea.
좋은 생각입니다.

답변 2   You know, that won't be easy. We have a contract with them.
그게요, 쉽지 않을 겁니다. 거기와 계약이 있거든요.

4   답변 1   I don't, either.
저도 마찬가지입니다.

답변 2   I'm inclined to agree with him, though.
그런데 전 그의 의견에 동의하는 쪽입니다.

5   답변 1   I'd be happy to go.
기꺼이 가겠습니다.

답변 2   It might be better if Pat Morris went instead of me.
저 대신 Pat Morris가 가는 게 더 좋을 듯합니다.

Day 06

1

1   답변 1   Your team should turn in the estimate by the end of the week.

답변 2   Please have your team turn in the estimate by the end of the week. /
Please turn in the estimate by the end of the week.

답변 3   Could you turn in the estimate by the end of the week?

2   답변 1   You should agree to their counterproposal.

답변 2   Please agree to their counterproposal.

답변 3   Could you agree to their counterproposal?

3   답변 1   You should tell us why the renovation is taking so long.

답변 2   Please tell us why the renovation is taking so long.

답변 3   Could you tell us why the renovation is taking so long?

4   답변 1   You should stop coming in late.

답변 2   Please stop coming in late.

답변 3   Could you stop coming in late?

5   답변 1   Everyone should use the copy machine on the third floor.

답변 2   Please use the copy machine on the third floor.

답변 3   Could you use the copy machine on the third floor?

2 • 정답이 아닌 예상 답변입니다.

1   Please send us the payment so we can ship your order.
귀하의 주문품을 발송할 수 있도록 결제를 부탁합니다.

2   Could your team come to Seoul so we can discuss those issues in detail?
우리가 그 쟁점들을 자세히 논의할 수 있도록 그쪽 팀이 서울로 올 수 있을까요?

3 Your CEO should sign the contract if he wants us to start the project.
귀사 CEO께서 당사가 프로젝트를 시작하기 원하신다면 계약서에 서명하셔야 합니다.

4 Please understand the dilemma we're facing.
저희가 직면하고 있는 딜레마를 이해해주시길 바랍니다.

3

1 A customer harassed the employee.
고객이 그 직원을 괴롭혔습니다.

2 Darakwon's team will make the presentation.
다락원 팀이 프레젠테이션을 할 겁니다.

3 Looking through the windshield of my car reminds me of how beautiful Korea is.
제 차 앞 유리를 통해 보는 것은 한국이 얼마나 아름다운지 제게 느끼게 해줍니다.

4 The executive committee reached the decision to conduct interviews in China. /
The executive committee decided to conduct interviews in China.
임원위원회는 중국에서 면접을 진행하기로 결정을 내렸습니다.

5 The sudden surge of electricity damaged the hard drive of the laptop computer. /
The sudden electrical surge damaged the laptop's hard drive.
갑작스런 전력 과부하가 노트북 컴퓨터의 하드 드라이브를 손상시켰습니다.

4

1 The idea was rejected.
그 아이디어는 거절되었습니다.

2 The report was misplaced.
보고서가 없어졌습니다.

3 All the lights in the office were left on last night.
어젯밤에 사무실의 모든 불이 다 켜져 있었습니다.

4 My leg was scratched by the stray cat in the company parking lot.
제 다리가 회사 주차장에 있는 길고양이에게 할퀴어졌습니다.

5 A mistake was made yesterday.
어제 실수가 있었습니다.

Day 07

1 • 자신만의 대답을 작성해보는 연습이기 때문에 정답이 없습니다. 1번과 2번의 아래 샘플을 참고해서 자유롭게 작성해
보세요.

1 답변 1 My <u>favorite movies are</u>: 제가 좋아하는 영화들은:
• *About Time* 어바웃 타임
• *Casablanca* 카사블랑카
• *Sound of Music* 사운드 오브 뮤직

답변 2 My favorite movies are *About Time*, *Casablanca*, and *Sound of Music*.
제가 좋아하는 영화들은 어바웃 타임, 카사블랑카, 사운드 오브 뮤직입니다.

2 답변 1 On my <u>days off</u>, I like to: 쉬는 날에 저는 다음을 좋아합니다:
• Catch up on my sleep 밀린 잠을 잔다
• Hang out with my friends 친구들과 논다
• Go biking near my home 집 근처에서 자전거를 탄다

답변 2 On my days off, I like to catch up on my sleep, hang out with my friends, and go
biking near my home.
휴일에 저는 밀린 잠 자는 것과 친구들과 노는 것, 집 근처에서 자전거 타는 것을 좋아합니다.

2 • 단계 2는 정답이 아닌 예상 답변입니다.

1 단계 1   Why don't you …? ~하는 게 어떨까요?

단계 2   Why don't you go with them? 그들과 같이 가는 게 어떨까요?

2 단계 1   What time do you usually …? 보통 몇 시에 ~하세요?

단계 2   What time do you usually go to lunch? 보통 몇 시에 점심 드시러 가세요?

3 단계 1   To be honest, … 솔직히 말씀드리자면 ~

단계 2   To be honest, I don't like the size. 솔직히 말씀드리자면 크기가 마음에 안 듭니다.

4 단계 1   … is not my thing ~는 제 취향에 맞지 않아요

단계 2   Hiking is not my thing. 하이킹은 제 취향에 맞지 않아요.

5 단계 1   Let's just … 그냥 ~합시다

단계 2   Let's just go with it. 그냥 그렇게 합시다.

6 단계 1   Why don't we …? ~하는 게 어때요?

단계 2   Why don't we ask him directly? 그 사람에게 직접 물어보는 게 어때요?

7 단계 1   Do you mind if I …? ~해도 될까요?

단계 2   Do you mind if I took a look at the report? 그 보고서를 한번 봐도 될까요?

Day 08

1 • 정답이 아닌 예상 답변입니다.

I'm writing in response to your email on Monday.

<u>Although</u> your wanting to fire the current ad agency is understandable, I think we should reconsider it. <u>While</u> APP Associates has made some mistakes in the past, you would have to agree that it's still one of the best in the business. <u>In fact,</u> it has consistently won major awards. It got the coveted Bobo Award just last week. <u>Besides,</u> the CEO is a nice guy.

I doubt we'll find a better agency any time soon. <u>So</u> I suggest we keep our current agency. <u>However,</u> I do believe we can ask them to make those changes you've suggested. I'll give them a call tomorrow.

당신의 월요일 이메일에 답변을 하려고 이 글을 씁니다.

당신이 현 광고 기획사를 해고하길 원하는 건 이해가 갑니다만 우리가 재고하는 것이 좋을 듯합니다. APP Associates가 과거에 실수를 저질렀지만 여전히 해당 업계에서 최고 중 한 곳이라는 건 동의하실 겁니다. 사실 그 회사는 주요 상을 지속적으로 수상해왔습니다. 지난주만 하더라도 누구나 탐내는 Bobo상을 받았잖아요. 게다가 CEO가 사람이 참 좋고요.

우리가 금방 더 나은 기획사를 찾을 것 같지는 않습니다. 그래서 현 기획사를 유지하기를 권합니다. 하지만 당신이 제의한 변경 사항들을 실행하라고 그쪽에 요청할 수 있다고 봅니다. 내일 그쪽에 전화해볼게요.

2

1 The idea behind the workshop exercises <u>was</u> to develop sales skills.

2 Most employees don't <u>like</u> the new policy.

3 A group of managers <u>is</u> going over to the store.
(참고로 집합명사 group은 미국식 영어에서는 단수 취급하므로 is로 고쳐야 하지만, 영국식 영어에서는 복수 취급하므로 are도 쓸 수 있습니다.)

4 Joe and John are on the same team. (수정이 필요 없습니다.)

5 You <u>were</u> here, and I was there.

6 Can you ask Linda to <u>bring</u> the report?

7 You should listen to what the client <u>says</u>.

8 Patrick and Steve <u>are</u> good <u>friends</u>.

9 You should buy what Anna <u>buys</u>.

10 The candidates were so happy. (수정이 필요 없습니다.)

3

1 We go to their office tomorrow.
(예정된 미래는 현재시제로 나타낼 수 있는데, will go를 쓰면 더 정확합니다.)

2 Last night I <u>dreamed</u> we got the project.

3 A few people <u>came</u> in to work late today.

4 The meeting <u>ended</u> early last time.

5 I don't like coming to the office on the weekends. (수정이 필요 없습니다.)

6 She <u>couldn't</u> finish the proposal on time.

7 We <u>had</u> to go to work yesterday.

8 Are you coming with us tomorrow? (수정이 필요 없습니다.)

9 When you're finished with that, you can work on the presentation. (수정이 필요 없습니다.)

10 I <u>wanted</u> to go for a walk after lunch, but I was too tired.

4

1 Can I get <u>the</u> report by tomorrow?

2 <u>The</u> convention center near our office is pretty old.

3 My boss speaks <u>X</u> Japanese.

4 I borrowed <u>a</u> business-related book from the company library.

5 <u>The</u> consultant is not coming in today.

6 Pat loves playing <u>X</u> baseball after work.

7 I forgot to bring <u>the</u> ticket for the event tonight.

8 Do you play <u>the</u> piano?

9 Is that <u>the</u> laptop you bought yesterday?

10 The factory is in <u>X</u> Changwon.

5

<u>On</u> Tuesday, John got up early <u>in</u> the morning <u>at</u> 6 a.m. He was at work <u>by[at]</u> 8:45 a.m. Later <u>in</u> the day, he began to feel tired because he had woken up too early. <u>By</u> late afternoon, he was nodding off <u>at</u> his desk <u>in</u> his small cubicle. Soon his head was <u>on</u> the table, and he was fast asleep.

"Hey, get up," someone said. John opened his eyes to see Steve, his co-worker, standing over him.

"Wow," John said. "I must have slept <u>for</u> about 30 minutes."

"What have you been doing <u>at</u> night, anyway?" asked Steve, handing him a hot cup of coffee.

John yawned. "I was playing video games all night, <u>from</u> probably midnight <u>until</u> I got really sleepy, which was 4 a.m., I think. I woke up <u>at</u> 6, though."

"Two hours of sleep, eh?" Steve shook his head. "Hey, what are you going to do <u>during</u> the upcoming three-day weekend?"

"I don't know," said John, and sipped his coffee. "I'll probably stay cooped up <u>in</u> my house all weekend."

"My boy," Steve said. "You've been no fun <u>since</u> last year, when you broke up with your girlfriend. It's time for you to have some fun."

So John agreed to go with Steve on a backpacking trip to Mt. Hood <u>on</u> December 5 and travel <u>for</u> two days.

Day ⑨

1

1 I think that date is okay, but I need to check with my team.

2 We're not sure yet, so let's not tell the client for now.

3 Their reps came to the office, discussed the schedule, and agreed to work with us. / Their reps came to the office, discussed the schedule and agreed to work with us.
(and 앞에는 콤마가 있어도 되고 없어도 됩니다.)

4 I prefer the brighter, fancier floor tiles.

5 You're a great help, John.

6 Dean Kitt, the VP from Carlson Books, wants to talk to you.

7 If you want, we could redo the samples.

8 No, I doubt that's true.

2

1 I didn't get to see Jamie and Andy's presentation on China.

2 Mr. Smith's office is in Palo Alto.

3 It was the accounting department's idea.

4 Dan told me his boss is also coming.

5 We're still waiting for your team's proposal.

3

1 I won't accept that.

2 You could've said no.

3 They're confused about the minutes.

4 Our CEO can't make it to the meeting.

5 I'm sorry to say it's too late.

6 This doesn't seem like the right time.

Day ⑩

1 • 정답이 아닌 예상 답변입니다.

1 I was born on September 16.

2 I usually get to work by 9 a.m. / I usually get to work by 9 in the morning.

3 I usually eat lunch at 1 p.m.

4 I usually go to bed at 11 p.m.

2

1 Ten percent is the best we can do.

2 Approximately 20% of the employees want to work at home.

3 Benson Inc. is asking us to delete one-fifth of the provisions.

4 Six sheets are missing.

5 The price went up 7%.

3

1 That's no big deal.

2 Thanks. I owe you one.

3 We need to follow the F.T.C.[FTC] regulations.
(약자에 마침표를 찍을 때는 단어 끝에도 넣어야 합니다.)

Day 11

24 • 정답이 아닌 예상 답변입니다.

1 I appreciate your call yesterday.
어제 전화 주셔서 감사드립니다.

2 I'm writing to complain about the service I got this morning.
오늘 아침에 받은 서비스에 대해 항의하려고 이메일 드립니다.

3 This is in regard to your email on Monday.
이것은 월요일에 보내주신 이메일에 관한 것입니다.

4 This email is to outline my marketing ideas for Essence.
이 이메일은 Essence 관련 마케팅 아이디어를 요약하기 위한 것입니다.

5 Regarding next month's meeting, I would like to postpone it.
다음 달 회의에 관련하여, 그걸 연기하고 싶습니다.

6 I apologize for not calling you yesterday.
어제 전화하지 못한 것에 대해 사과드립니다.

7 I am sorry about the mistake in the report I sent yesterday.
어제 보내드린 보고서에 있는 오류에 대해 죄송합니다.

8 I'm sorry to hear that Sara is sick.
Sara가 아프다는 소식을 듣게 되어 안타까워.

9 I'm sorry, but the bill has to be paid on time.
유감스럽지만, 청구서는 해당 날짜에 결제해주셔야 합니다.

10 I would like to take you out to dinner.
저녁식사를 대접하고 싶습니다.

Day 12

26 • 정답이 아닌 예상 답변입니다.

1 Could you come by my office next week?
다음 주에 제 사무실에 들러주시겠습니까?

2 Could we meet after the industry seminar in March?
3월 산업 세미나 후에 만나는 것이 어떻겠습니까?

3 Would you mind if I took next week off?
다음 주에 휴가를 내도 괜찮을까요?

4 If possible, please stop calling me every day.
가능하다면 매일 제게 전화하는 건 삼가주세요.

5 We are pleased to inform you that you have been accepted as an intern.
귀하를 인턴으로 수락하게 됐다는 소식을 전하게 되어 기쁩니다.

6 It is our pleasure to <u>announce the appointment of Ms. Janet Lee as the new vice president of marketing</u>.
Janet Lee 씨가 마케팅의 새로운 부사장으로 임명된 것을 알려드리게 되어 기쁘게 생각합니다.

7 It would be my pleasure to <u>accept your invitation to speak at TED Seoul</u>.
TED 서울 발표자가 되는 것을 기꺼이 수락하겠습니다.

8 As <u>you</u> mentioned, <u>the sales have dropped this quarter</u>.
당신이 언급한 대로 이번 분기에 매출이 떨어졌습니다.

9 As we discussed, <u>the items you ordered are being shipped today</u>.
우리가 논의한 대로, 당신이 주문한 물품이 오늘 배송됩니다.

10 Congratulations on <u>your recent promotion</u>.
최근 승진을 축하드립니다.

11 Please <u>send me a full report by tomorrow afternoon</u>.
내일 오후까지 전체 보고서를 보내주십시오.

Day 13

1 • 정답이 아닌 예상 답변입니다.

1 답변 1 I think <u>Arrow Coffee</u> has the best coffee in Korea.
Arrow Coffee에 한국에서 가장 맛있는 커피가 있다고 생각합니다.

답변 2 I tend to think that Arrow Coffee has the best coffee in Korea.
저는 Arrow Coffee에 한국에서 가장 맛있는 커피가 있다고 생각하는 편입니다.

답변 3 I'm convinced that Arrow Coffee has the best coffee in Korea.
Arrow Coffee에 한국에서 가장 맛있는 커피가 있다고 확신합니다.

2 답변 1 To me, Brenda Highes is the best CEO of an American high-tech company.
제가 보기에 Brenda Highes가 미국 첨단 기술 회사 CEO 중 최고입니다.

답변 2 It would seem to me that Brenda Highes is the best CEO of an American high-tech company.
Brenda Highes가 미국 첨단 기술 회사 CEO 중 최고라는 생각이 듭니다.

답변 3 It's obvious that Brenda Highes is the best CEO of an American high-tech company.
Brenda Highes가 미국 첨단 기술 회사 CEO 중 최고라는 것이 명백합니다.

3 답변 1 In my opinion, Cool Attires is the best clothing brand in the world.
제 의견으로는 Cool Attires가 세계 최고 의류 브랜드입니다.

답변 2 I tend to think that Cool Attires is the best clothing brand in the world.
저는 Cool Attires가 세계 최고 의류 브랜드라고 생각하는 편입니다.

답변 3 I'm convinced that Cool Attires is the best clothing brand in the world.
저는 Cool Attires가 세계 최고 의류 브랜드라고 확신합니다.

4 답변 1 I'd say that using appropriate expressions is the hardest part about writing emails in English.
영어로 이메일 쓸 때 가장 어려운 부분은 적절한 표현을 쓰는 것이라고 생각합니다.

답변 2 It would seem to me that using appropriate expressions is the hardest part about writing emails in English.
영어로 이메일 쓸 때 가장 어려운 부분은 적절한 표현을 쓰는 것이라는 생각이 듭니다.

답변 3 Frankly, using appropriate expressions is the hardest part about writing emails in English.
솔직히 말해서, 영어로 이메일 쓸 때 가장 어려운 부분은 적절한 표현을 쓰는 겁니다.

5 **답변 1** In my opinion, *Life's Wonderful* is the best non-fiction English-language book in history.
제 의견으로는 역사상 영어로 된 최고의 논픽션 책은 Life's Wonderful입니다.

답변 2 I tend to think that *Life's Wonderful* is the best non-fiction English-language book in history.
역사상 영어로 된 최고의 논픽션 책은 Life's Wonderful이라고 생각하는 편입니다.

답변 3 It's obvious that *Life's Wonderful* is the best non-fiction English-language book in history.
역사상 영어로 된 최고의 논픽션 책은 Life's Wonderful이라는 것이 명백합니다.

2 • 정답이 아닌 예상 답변입니다.

1 **답변 1** I think so, too.
저도 그렇게 생각해요.

답변 2 I agree that's a good idea, but it might be <u>too expensive</u>.
그게 좋은 생각이란 건 동의하지만 너무 비쌀 수 있습니다.

답변 3 I see your point, but <u>I don't think it's practical</u>.
무슨 말인지는 알지만 비현실적인 것 같습니다.

2 **답변 1** I agree.
동의합니다.

답변 2 That makes sense, but online shopping can be more convenient.
말이 됩니다만, 온라인 쇼핑이 더 편리할 수 있잖아요.

답변 3 I see what you mean, but a lot of people prefer shopping online.
무슨 뜻인지는 알겠지만 많은 사람들이 온라인 쇼핑을 선호합니다.

3 **답변 1** You're right.
맞아요.

답변 2 I agree that tablet PCs are a bit pricy, but I like the large screens.
태블릿 PC가 좀 비싸다는 건 동의하지만 전 큰 화면이 좋더라고요.

답변 3 I see where you're coming from, but I think they're worth the price.
왜 그런 말을 하는지는 알겠지만 제값을 하는 것 같아요.

4 **답변 1** For sure!
그럼요!

답변 2 You have a good point about the price, but the cars sure look nice.
가격에 대해 좋은 지적을 하시긴 했는데, 차들이 정말 멋져 보이긴 합니다.

답변 3 I see your point, but some of the domestic cars are expensive, too.
무슨 말인지는 알지만 일부 국산차도 비싸긴 마찬가지입니다.

5 **답변 1** Absolutely!
맞아요!

답변 2 That makes sense, but some of the board members might not think so.
말이 됩니다만, 이사들 중 일부는 그렇게 생각하지 않을 수 있습니다.

답변 3 I see where you're coming from, but the offer isn't all that bad.
왜 그런 말을 하는지는 알겠지만 그 제안이 그다지 나쁘지 않거든요.

Day 14

1 • 정답이 아닌 예상 답변입니다.

1 Let's have lunch together tomorrow afternoon.
내일 오후에 점심 같이 먹읍시다.

2 Why don't you buy a new laptop?
새 노트북 컴퓨터를 구입하는 게 어떨까요?

3 What do you say we make another copy of the report?
보고서 사본 하나 더 만드는 게 어떨까요?

4 Maybe you should walk to the office every morning.
아침마다 사무실로 걸어오는 게 좋을 것 같습니다.

5 I would suggest that we invite Tina Marshall to the conference in England.
영국에서 개최되는 총회에 Tina Marshall을 초대하기를 권하겠습니다.

2 • 정답이 아닌 예상 답변입니다.

1 답변 1 That's a good idea.
좋은 생각입니다.

답변 2 Thanks for the advice, but I don't have time.
조언은 고맙지만, 시간이 없어요.

2 답변 1 That's fine with me.
그래도 전 괜찮습니다.

답변 2 That's obviously a good idea, but the client is expecting the proposal right now.
물론 좋은 생각이지만 클라이언트가 지금 당장 제안서를 원해서요.

3 답변 1 Let's do that.
그렇게 합시다.

답변 2 That might be the best option, but we don't have the budget.
그게 최선의 방법일 수 있지만 그럴 예산이 없어요.

3 • 정답이 아닌 예상 답변입니다.

1 Sorry, but I have to get off work early today.
죄송하지만 오늘 제가 일찍 퇴근해야 합니다.

2 Unfortunately, I won't be in the office tomorrow.
아쉽지만 저는 내일 사무실에 없습니다.

3 I'm afraid it's too late to change the date.
유감스럽게도 날짜를 바꾸기에는 너무 늦었습니다.

4 Unfortunately, my department discourages us from writing recommendations.
아쉽지만 저희 부서는 추천서 쓰는 걸 제한하고 있습니다.

5 I'm afraid we're not allowed to that.
유감스럽게도 저희는 그렇게 못하게 되어 있습니다.

6 Sorry, but I don't have the file.
죄송하지만 제게는 그 파일이 없어요.

7 Unfortunately, I need to use it myself.
아쉽지만 저도 써야 해서요.

8 I'm afraid that's not possible.
유감스럽게도 그건 가능하지 않습니다.

4 • 정답이 아닌 예상 답변입니다.

1 **Subject: Group Discount Available?**

Our team is planning to take a business trip to San Diego next month for three days. We would like to stay at your hotel, but your website doesn't mention any group discounts. Could we get a group discount for seven double rooms? If so, please let me know the rates. Thank you.

제목: 단체 할인 가능합니까?

저희 팀은 다음 달에 사흘 동안 샌디에고 출장 계획이 있습니다. 그쪽 호텔에 머물고 싶지만 그쪽 웹사이트는 단체 할인에 대한 언급이 없습니다. 더블룸 7개에 대한 단체 할인을 받을 수 있을까요? 가능하다면 가격을 알려주시기 바랍니다. 감사합니다.

2 **Subject: Visiting Your Headquarters**

We are interested in becoming the Korean distributor for your line of luxury reclining chairs. Would it be possible for our team to visit your headquarters next month to discuss the possibilities? I look forward to your response.

제목: 귀사 본사 방문하기

저희는 귀사의 럭셔리 안락의자 라인의 한국 유통업자가 되기를 원합니다. 저희 팀이 그 가능성을 논의하기 위해 그쪽 본사를 다음 달에 방문하는 것이 가능할까요? 답변을 기다리겠습니다.

**I know you've heard it a thousand times before.
But it's true – hard work pays off. If you want to be good,
you have to practice, practice, practice.**

– Ray Bradbury –

이 말은 천 번은 들어봤겠지만 사실이다. 열심히 하는 일에는 보상이 따른다.
뭔가를 잘하고 싶으면 연습하고 연습하고 연습해야 한다.

– 레이 브래드버리(미국 소설가) –